Impressum
Verlag: BABADADA GmbH, Nedderfeld 112 , 22529 Hamburg
Geschäftsführer / Verlagsleitung: Harald Hof
Druck: Books on Demand GmbH, In de Tarpen 42, 22848 Norderstedt

Imprint
Publisher: BABADADA GmbH, Nedderfeld 112 , 22529 Hamburg, Germany
Managing Director / Publishing direction: Harald Hof
Print: Books on Demand GmbH, In de Tarpen 42, 22848 Norderstedt

shkolla
σχολείο

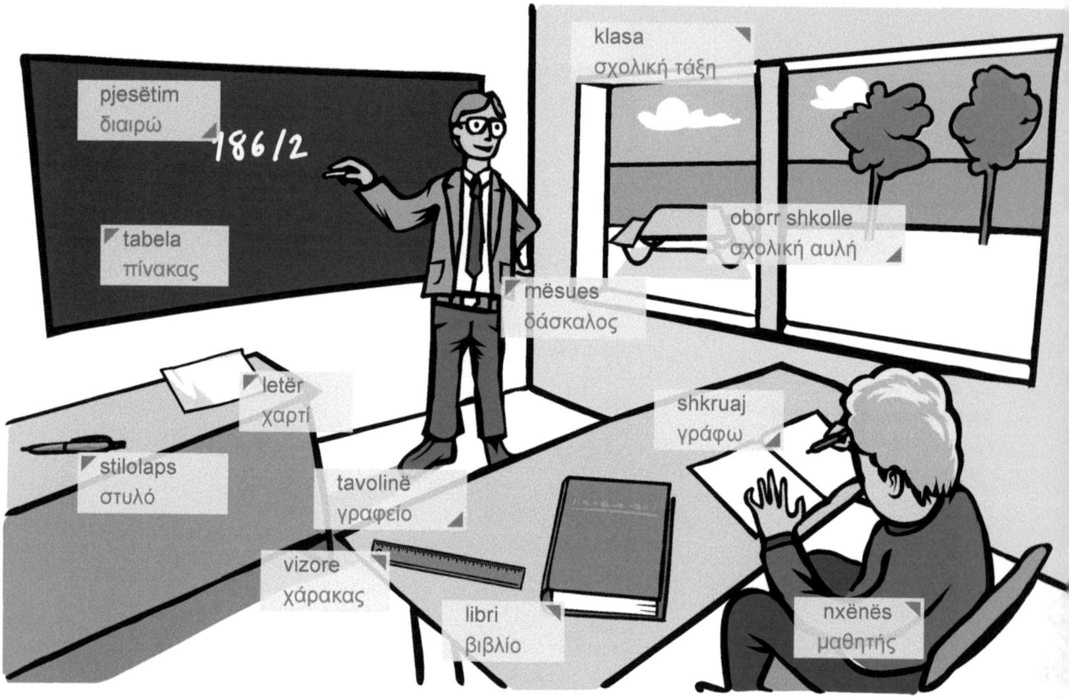
klasa
σχολική τάξη
pjesëtim
διαιρώ
186/2
tabela
πίνακας
oborr shkolle
σχολική αυλή
mësues
δάσκαλος
letër
χαρτί
shkruaj
γράφω
stilolaps
στυλό
tavolinë
γραφείο
vizore
χάρακας
libri
βιβλίο
nxënës
μαθητής

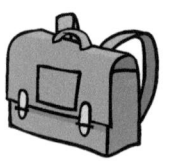

çantë

σχολική τσάντα

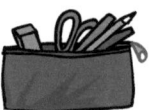

mbajtëse lapsash

κασετίνα/ μολυβοθήκη

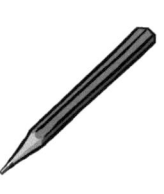

laps

μολύβι

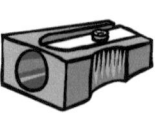

mprehës lapsash

ξύστρα

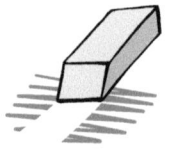

gomë

γόμα

fletore vizatimi

μπλοκ ζωγραφικής

vizatim
ζωγραφική

penel
πινέλο

kuti bojërash
κουτί χρωμάτων

gërshërë
ψαλίδι

ngjitës
κόλλα

fletore detyrash
τετράδιο ασκήσεων

detyrë shtëpie
εργασία για το σπίτι

numër
αριθμός

mbledh
προσθέτω

zbres
αφαιρώ

shumëzoj
πολλαπλασιάζω

llogaris
υπολογίζω

gërmë
γράμμα

alfabeti
αλφάβητο

fjalë
λέξη

tekst

κείμενο

lexoj

διαβάζω

shkumës

κιμωλία

mësim

μάθημα

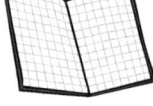

regjistër

εγγράφομαι

provim

τεστ

çertifikatë

πιστοποιητικό

uniformë shkolle

μαθητική στολή

arsimim

εκπαίδευση

enciklopedia

εγκυκλοπαίδεια

universitet

πανεπιστήμιο

mikroskop

μικροσκόπιο

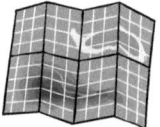

hartë

χάρτης

kosh letrash

καλάθι αχρήστων

shkolla - σχολείο

udhëtim

ταξίδι

hotel
ξενοδοχείο
Grand
bujtinë
ξενώνας
ROOMS
EXCHANGE
pikë këmbimi valutor
ανταλλακτήρια συναλλάγματος
valixhe
βαλίτσα
makinë
αυτοκίνητο

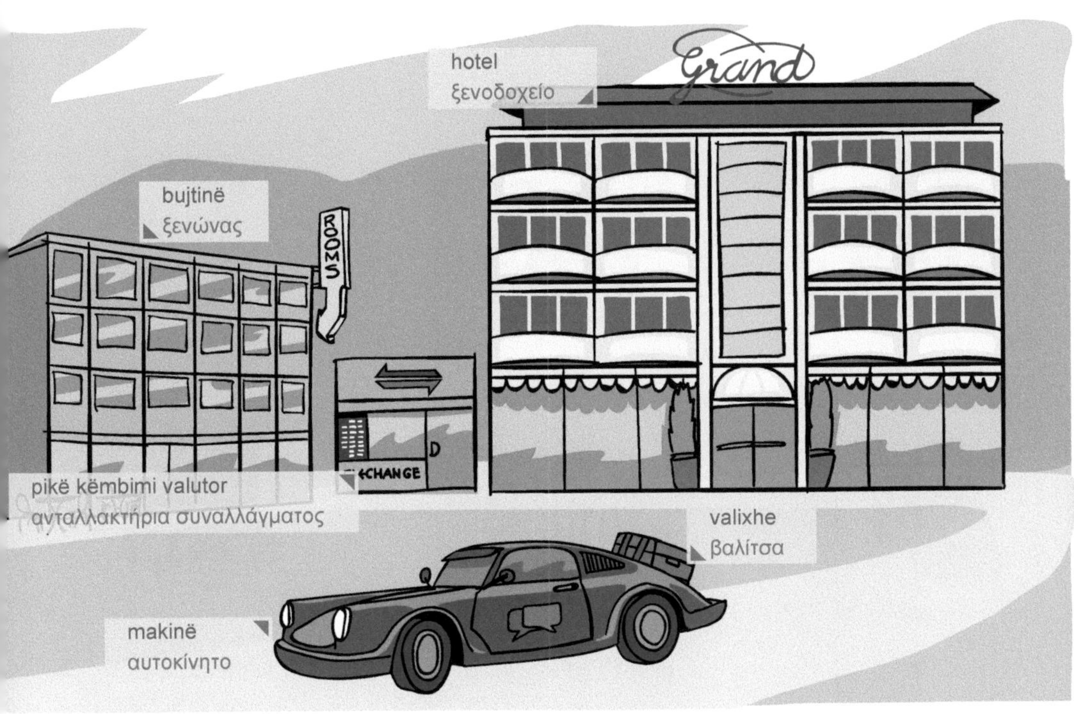

gjuhë

γλώσσα

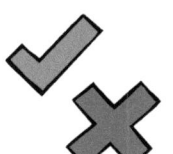

po / jo

ναι / όχι

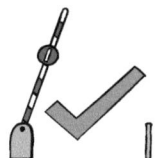

Në rregull

εντάξει

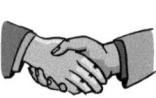

ç'kemi

γεια σου

përkthyes

μεταφραστής

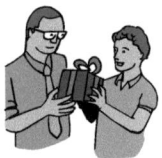

Faleminderit

Ευχαριστώ

sa kushton...?

πόσο κάνει ;

nuk e kuptoj

Δε καταλαβαίνω

problem

πρόβλημα

Mirëmbrëma!

Καλησπέρα!

Mirëmëngjes!

Καλημέρα!

Natën e mirë!

Καληνύχτα!

mirupafshim

Αντίο

drejtim

κατεύθυνση

bagazhet

αποσκευές

çantë

τσάντα

çantë shpine

σακίδιο πλάτης

mysafir

καλεσμένος

dhomë

δωμάτιο

thes gjumi

υπνόσακος

tendë

σκηνή

informacion për turistët

τουριστικές πληροφορίες

plazh

παραλία

kartë krediti

πιστωτική κάρτα

mëngjes

πρωινό

drekë

μεσημεριανό

darkë

δείπνο

Biletë

εισιτήριο

ashensor

ανελκυστήρας

pulla

γραμματόσημο

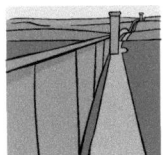

kufi

σύνορα

doganë

τελωνείο

ambasadë

πρεσβεία

vizë

βίζα

pasaportë

διαβατήριο

transport

μεταφορά

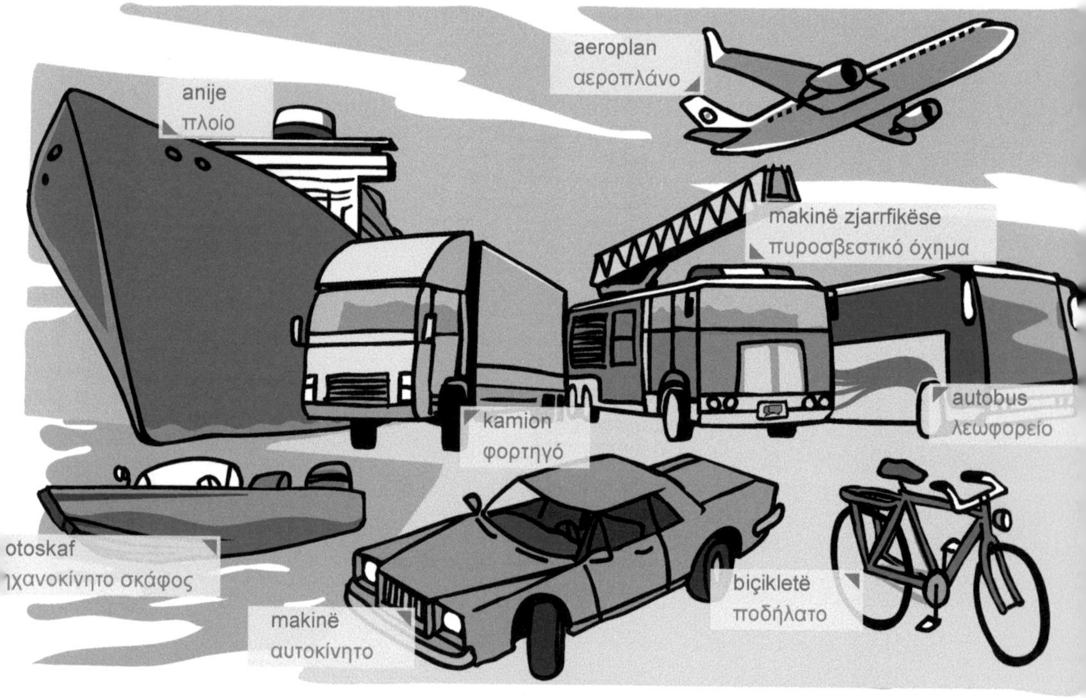

aeroplan
αεροπλάνο
anije
πλοίο
makinë zjarrfikëse
πυροσβεστικό όχημα
autobus
λεωφορείο
kamion
φορτηγό
otoskaf
χανοκίνητο σκάφος
biçikletë
ποδήλατο
makinë
αυτοκίνητο

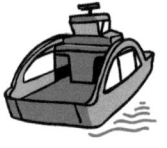

traget

φεριμπότ

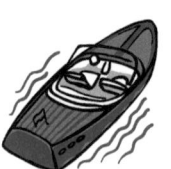

varkë

βάρκα

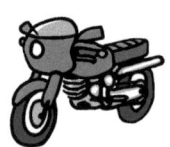

motoçikletë

μοτοσικλέτα

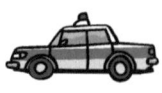

makinë policie

περιπολικό

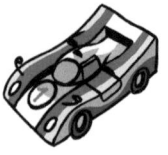

makinë garash

αγωνιστικό αυτοκίνητο

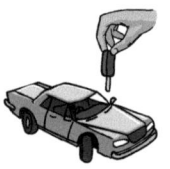

makinë me qira

ενοικιαζόμενο αυτοκίνητο

ndarje e qirasë së makinës

ιαμοιρασμός αυτοκινήτων

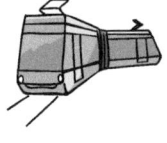

karroatrec

γερανός

makinë plehrash

απορριμματοφόρο

motor

κινητήρας

benzinë

καύσιμο

pikë karburanti

βενζινάδικο

sinjalistikë trafiku

πινακίδα σήμανσης

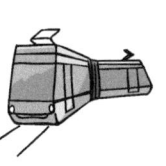

trafik

κυκλοφορία

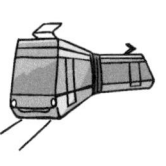

bllokim trafiku

κυκλοφοριακή συμφόρηση

parkim makinash

χώρος στάθμευσης

stacion treni

σιδηροδρομικός σταθμός

trase

σιδηροδρομικές γραμμές

tren

τρένο

tramvaj

τραμ

karro

βαγόνι

helikopter

ελικόπτερο

aeroport

αεροδρόμιο

kullë

πύργος

pasagjer

επιβάτης

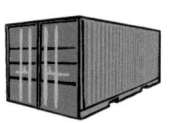

kontenier

εμπορευματοκιβώτιο

kuti kartoni

χαρτοκιβώτιο

qerre

καρότσι

shportë

καλάθι

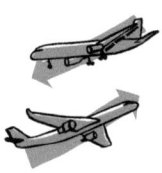

ngrihem / ulem

απογειώνομαι /
προσγειόνομαι

qytet
πόλη

fshat

χωριό

qendra e qytetit

κέντρο της πόλης

shtëpi

σπίτι

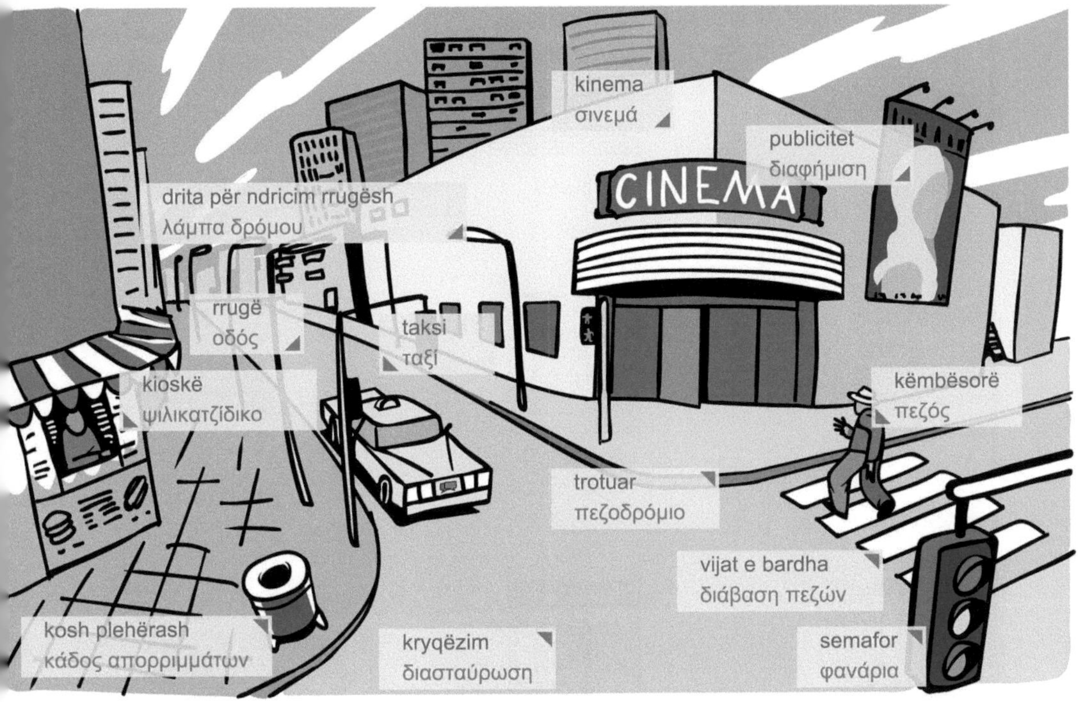

kinema
σινεμά
CINEMA
publicitet
διαφήμιση
drita për ndricim rrugësh
λάμπα δρόμου
rrugë
οδός
taksi
ταξί
kioskë
ψιλικατζίδικο
këmbësorë
πεζός
trotuar
πεζοδρόμιο
vijat e bardha
διάβαση πεζών
kosh plehërash
κάδος απορριμμάτων
kryqëzim
διασταύρωση
semafor
φανάρια

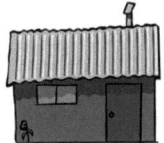

kasolle

καλύβα

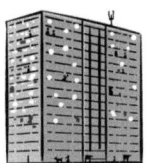

apartament

διαμέρισμα

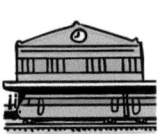

stacion treni

σιδηροδρομικός σταθμός

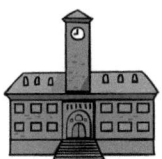

bashki

δημαρχείο

MUSEUM

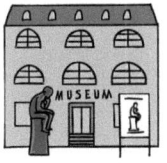

muze

μουσείο

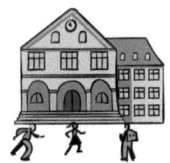

shkolla

σχολείο

universitet

πανεπιστήμιο

bankë

τράπεζα

spital

νοσοκομείο

hotel

ξενοδοχείο

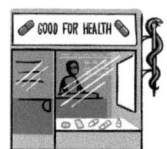

farmaci

φαρμακείο

zyrë

γραφείο

librari

βιβλιοπωλείο

dyqan

κατάστημα

dyqan lulesh

ανθοπωλείο

supermarket

σούπερ μάρκετ

market

αγορά

mapo

πολυκατάστημα

dyqan peshku

ιχθυοπωλείο

qëndër tregtare

εμπορικό κέντρο

port

λιμάνι

park
πάρκο

stol
παγκάκι

urë
γέφυρα

shkallë
σκάλες

metro
μετρό

tunel
τούνελ

stacion autobuzi
στάση λεωφορείου

bar
μπαρ

restorant
εστιατόριο

kuti postare
γραμματοκιβώτιο

sinjalistikë rrugore
πινακίδα δρόμου

kohëmatës parkimi
παρκόμετρο

kopsht zoologjik
ζωολογικός κήπος

pishinë
πισίνα

xhami
τζαμί

qytet - πόλη

fermë
αγρόκτημα

ndotje
ρύπανση

varrezë
νεκροταφείο

kishë
εκκλησία

shesh lojërash
παιδική χαρά

tempull
ναός

peisazh

τοπίο

gjethe
φύλλο

tabela orientuese
πινακίδα κατεύθυνσης

rrugë
δρόμος

livadh
λιβάδι

gurë
πέτρα

pemë
δέντρο

ekskursionist
πεζοπόρος

lumë
ποτάμι

bar
χορτάρι

lule
λουλούδι

luginë
κοιλάδα

kodër
λόφος

liqen
λίμνη

pyll
δάσος

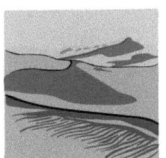

shkretëtirë
έρημος

vullkan
ηφαίστειο

kështjellë
κάστρο

ylber
ουράνιο τόξο

kepudhë
μανιτάρι

palmë
φοίνικας

mushkonjë
κουνούπι

mizë
μύγα

milingonë
μυρμήγκι

bletë
μέλισσα

merimangë
αράχνη

brumbull

σκαθάρι

bretkosë

βάτραχος

ketër

σκίουρος

iriq

σκαντζόχοιρος

lepur

λαγός

buf

κουκουβάγια

zog

πουλί

mjellmë

κύκνος

derr i egër

αγριογούρουνο

dre

ελάφι

dre brilopatë

άλκη

digë

φράγμα

turbinë ere

ανεμογεννήτρια

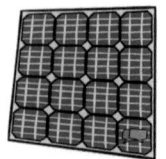

panel diellor

ηλιακός συλλέκτης

klimë

κλίμα

restorant
εστιατόριο

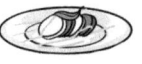

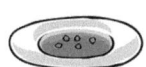

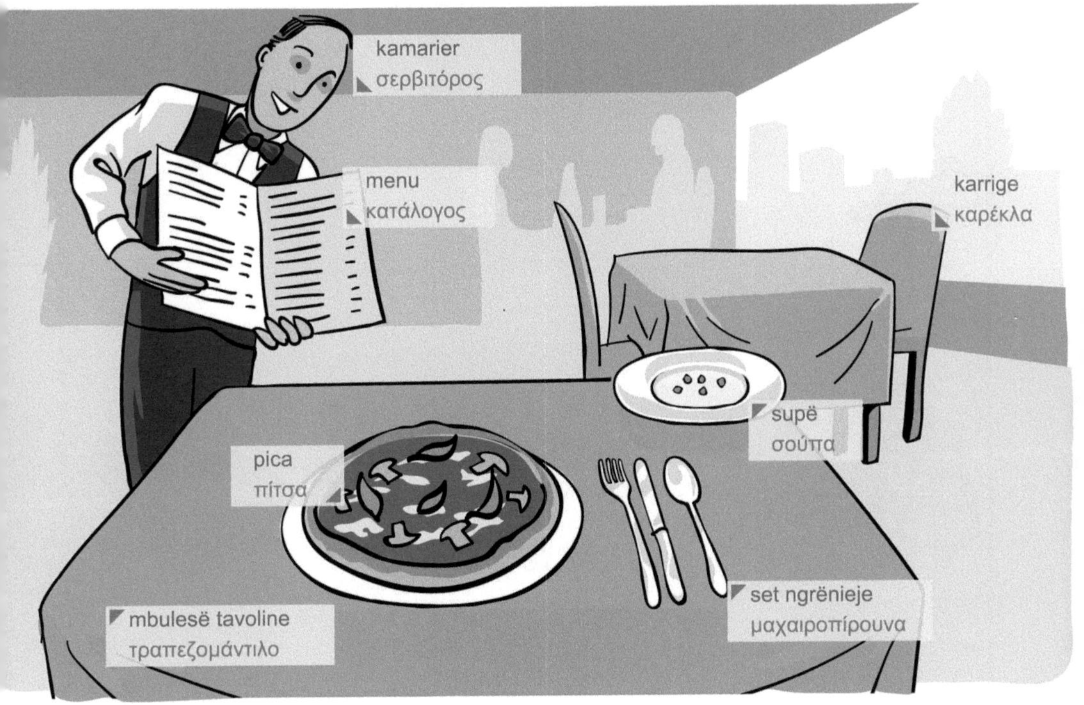

kamarier
σερβιτόρος
menu
κατάλογος
karrige
καρέκλα
supë
σούπα
pica
πίτσα
set ngrënieje
μαχαιροπίρουνα
mbulesë tavoline
τραπεζομάντιλο

pjatë e parë
....
ορεκτικό

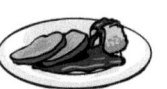

pjatë kryesore
....
κύριο πιάτο

ëmbëlsirë
....
επιδόρπιο

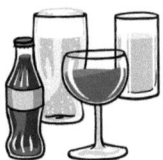

pije
....
ποτά

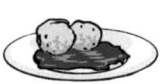

ushqim
....
φαγητό

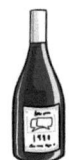

shishe
....
μπουκάλι

ushqim i shpejtë

φαστ φουντ

ushqim i shërbyer në rrugë

φαγητό στ' όρθιο

ibrik çaji

τσαγιέρα

kuti sheqeri

δοχείο ζάχαρης

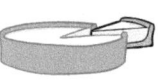

racion

μερίδα

makinë kafeje ekspres

μηχανή εσπρέσο

karrige e lartë

ψηλή καρέκλα

faturë

λογαριασμός

tabaka

δίσκος

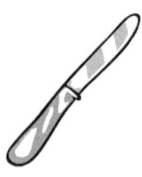

thika

μαχαίρι

pirun

πιρούνι

lugë

κουτάλι

lugë çaji

κουταλάκι του τσαγιού

pecetë

πετσέτα φαγητού

gotë

ποτήρι

restorant - εστιατόριο

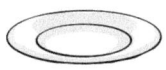

pjatë
πιάτο

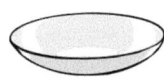

pjatë supe
πιάτο σούπας

pjatë filxhani
πιατάκι φλιτζανιού

salcë
σάλτσα

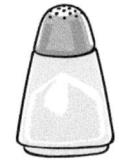

mbajtëse kripe
αλατιέρα

mulli piperi
μύλος για πιπέρι

uthull
ξύδι

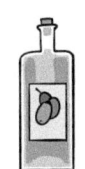

vaj
λάδι

erëza
μπαχαρικά

keçap
κέτσαπ

mustardë
μουστάρδα

majonezë
μαγιονέζα

supermarket

σούπερ μάρκετ

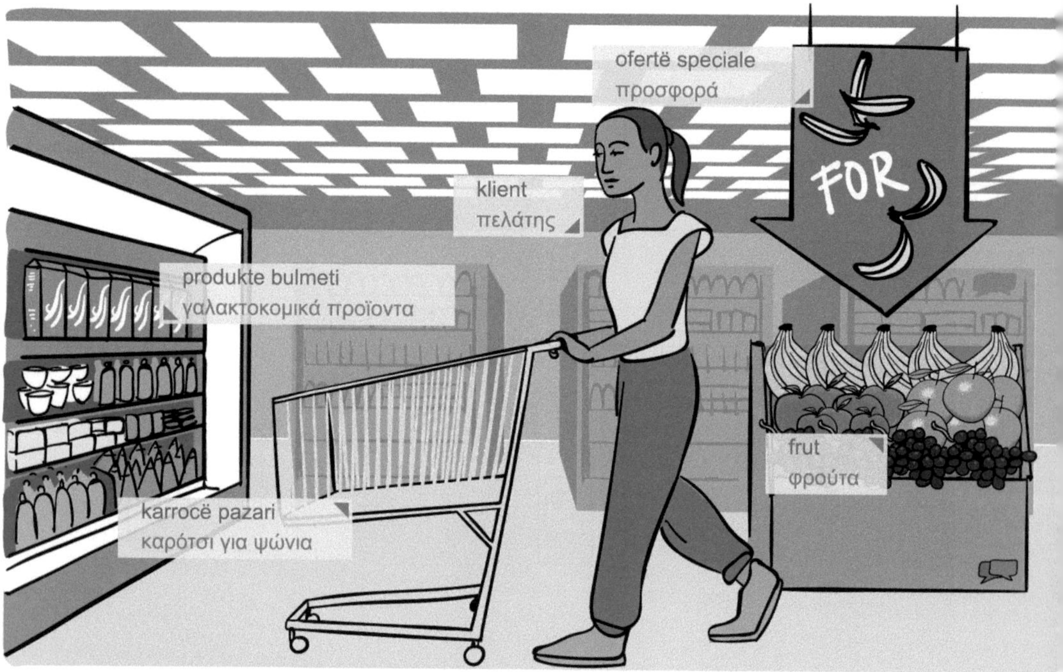

ofertë speciale
προσφορά
FOR
klient
πελάτης
produkte bulmeti
γαλακτοκομικά προϊόντα
frut
φρούτα
karrocë pazari
καρότσι για ψώνια

BUTCHERS

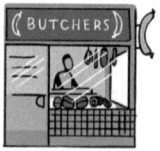

dyqan mishi

κρεοπωλείο

BAKERY

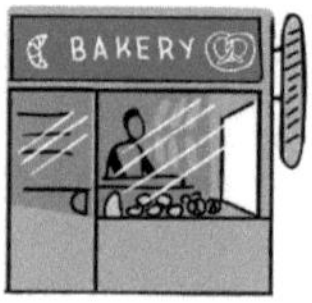

furrë buke

φούρνος

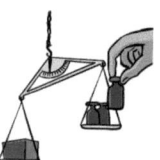

peshoj

ζυγίζω

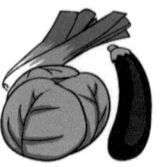

perime

λαχανικά

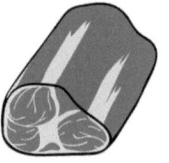

mish

κρέας

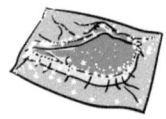

ushqim i ngrirë

κατεψυγμένα τρόφιμα

copë

αλλαντικά

ushqim i konservuar

κονσερβοποιημένη τροφή

pluhur larës

απορρυπαντικό ρούχων

ëmbëlsirat

γλυκά

prodhime shtëpie

οικιακά είδη

produkte pastrimi

καθαριστικά προϊόντα

shitëse

πωλήτρια

kasë fiskale

ταμείο

arkëtar

ταμίας

listë blerjeje

λίστα για ψώνια

oraret e punës

ωράριο λειτουργίας

portofol

πορτοφόλι

kartë krediti

πιστωτική κάρτα

çantë

τσάντα

qese plastike

πλαστική σακούλα

ujë

νερό

lëng frutash

χυμός

qumësht

γάλα

koka-kola

κόκα κόλα

verë

κρασί

birrë

μπίρα

alkool

αλκοόλ

kakao

κακάο

çaj

τσάι

kafe

καφές

kafe ekspres

εσπρέσο

kapuçino

καπουτσίνο

banane

μπανάνα

mollë

μήλο

portokalle

πορτοκάλι

pjepër

πεπόνι

limon

λεμόνι

karrotë

καρότο

hudhër

σκόρδο

bambu

μπαμπού

qepë

κρεμμύδι

kërpudha

μανιτάρι

arra

ξηροί καρποί

makarona

νουντλς

spageti

μακαρόνια

oriz

ρύζι

sallatë

σαλάτα

patate të skuqura

πατατάκια

patate të skuqura

τηγανητές πατάτες

pica

πίτσα

hamburger

χάμπουργκερ

sanduiç

σάντουιτς

shnicel

κοτολέτα

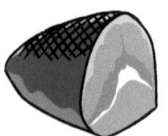

proshutë

ζαμπόν

sallam

σαλάμι

salçiçe

λουκάνικο

pulë

κοτόπουλο

skuq

ψητό

peshk

ψάρι

ushqim - φαγητό

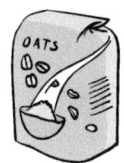

tërshërë

χυλός βρώμης

drithëra

μούσλι

kornfleiks

κορν φλέικς

miell

αλεύρι

kruasant

κρουασάν

panine

ψωμάκι

bukë

ψωμί

tost

τοστ

biskotë

μπισκότα

gjalp

βούτυρο

gjizë

τυρόπηγμα

tortë

κέικ

vezë

αυγό

vezë sy

τηγανητό αυγό

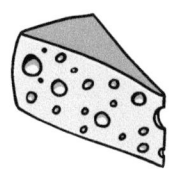

djathë

τυρί

akullore

παγωτό

sheqer

ζάχαρη

mjaltë

μέλι

marmaladë

μαρμελάδα

çokokrem

άλλειμμα σοκολάτας

këri

κάρυ

fermë
αγρόκτημα

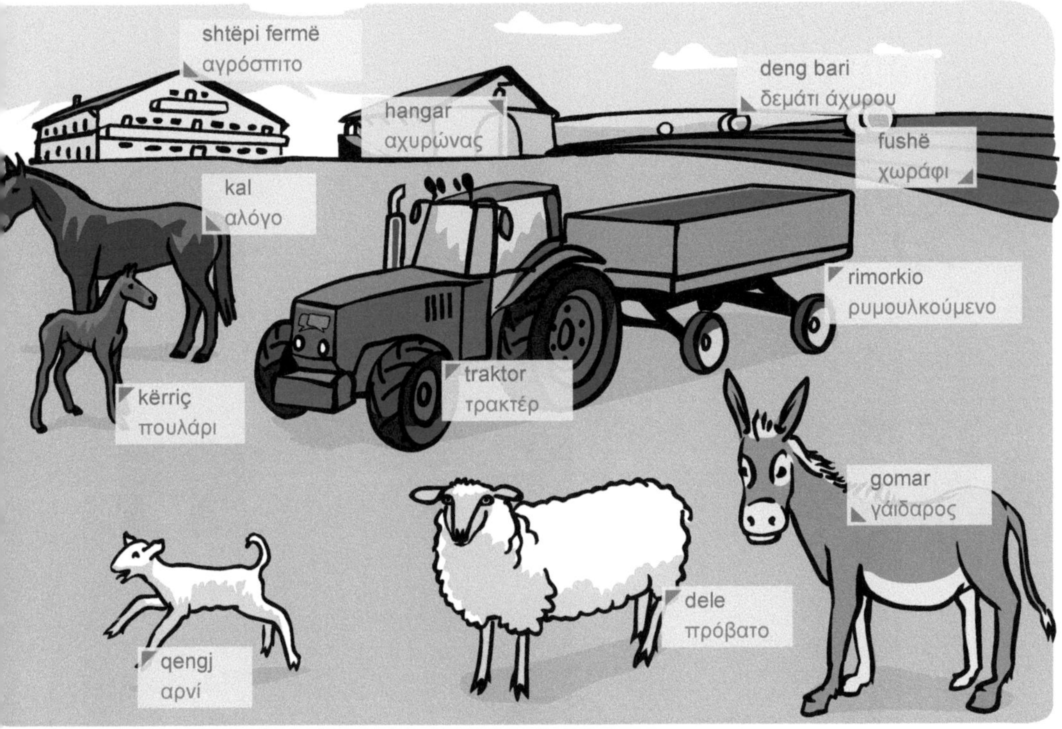

shtëpi fermë
αγρόσπιτο
hangar
αχυρώνας
deng bari
δεμάτι άχυρου
fushë
χωράφι
kal
αλόγο
rimorkio
ρυμουλκούμενο
traktor
τρακτέρ
kërriç
πουλάρι
gomar
γάιδαρος
dele
πρόβατο
qengj
αρνί

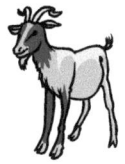

dhi
κατσίκα

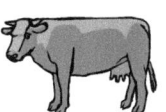

lopë
αγελάδα

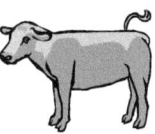

viç
μοσχαράκι

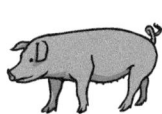

derr
γουρούνι

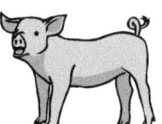

derrkuc
γουρουνάκι

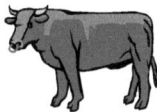

dem
ταύρος

patë

χήνα

rosë

πάπια

zog pule

κοτοπουλάκι

pulë

κότα

gjel

κόκορας

mi

αρουραίος

mace

γάτα

mi

ποντίκι

buall

βόδι

qen

σκύλος

kolibe qeni

σπιτάκι σκύλου

zorrë vaditëse

λάστιχο κήπου

vaditëse

ποτιστήρι

kosë

θεριστήρι

plug

αλέτρι

drapër

δρεπάνι

shat

τσάπα

kosa

δίκρανο

sëpatë

τσεκούρι

karrocë

χειράμαξα

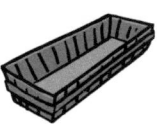

govatë

ταΐστρα

bidon qumështi

δοχείο γάλακτος

thes

σάκος

gardh

φράχτης

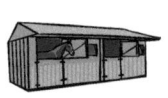

ahur

στάβλος

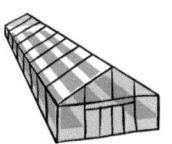

serë

θερμοκήπιο

dhe

έδαφος

farë

σπόρος

pleh

λίπασμα

autokombanjë

θεριζοαλωνιστική μηχανή

 fermë - αγρόκτημα

korr

θερίζω

te korrat

συγκομιδή

patate e ëmbël "Yam"

γιαμς

grurë

σιτάρι

soja

σόγια

patate

πατάτα

misër

καλαμπόκι

raps

κράμβη

pemë frutore

οπωροφόρο δέντρο

zhardhok manioku

μανιόκα

drithëra

δημητριακά

shtëpi

σπίτι

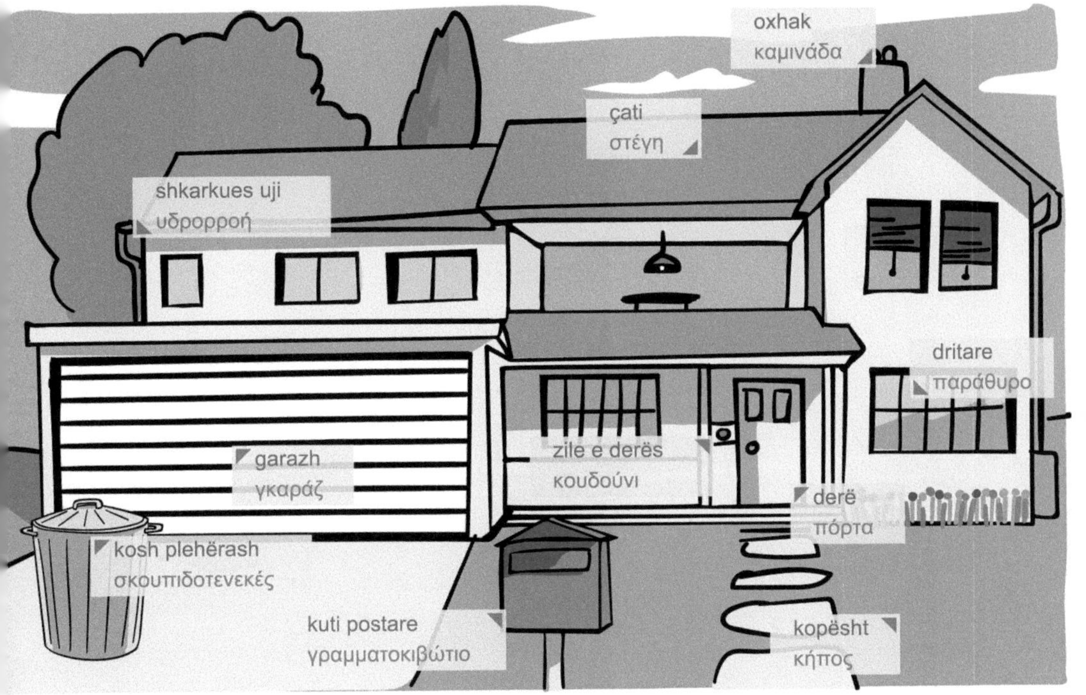

oxhak
καμινάδα
çati
στέγη
shkarkues uji
υδρορροή
dritare
παράθυρο
garazh
γκαράζ
zile e derës
κουδούνι
derë
πόρτα
kosh plehërash
σκουπιδοτενεκές
kuti postare
γραμματοκιβώτιο
kopësht
κήπος

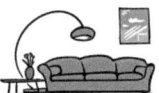

dhomë ndenjeje

σαλόνι

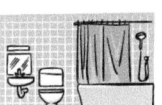

tualet

μπάνιο

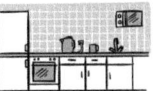

kuzhinë

κουζίνα

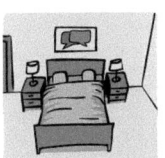

dhomë gjumi

υπνοδωμάτιο

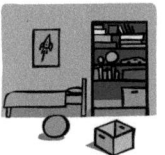

dhomë fëmijësh

παιδικό δωμάτιο

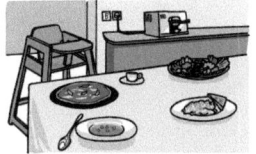

dhomë ngrënieje

τραπεζαρία

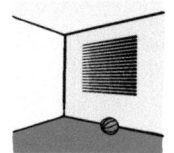

dysheme

πάτωμα

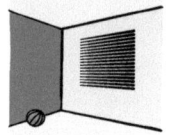

mur

τοίχος

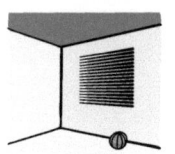

tavan

οροφή

bodrum

κελάρι

sauna

σάουνα

ballkon

μπαλκόνι

tarracë

βεράντα

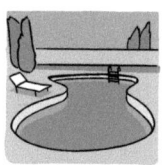

pishinë

πισίνα

kositëse bari

μηχανή του γκαζόν

çarçaf

σεντόνι

kuvertë

κάλυμμα κρεβατιού

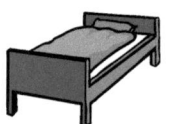

krevat

κρεβάτι

fshesë dore

σκούπα

kovë

κουβάς

çelës

διακόπτης

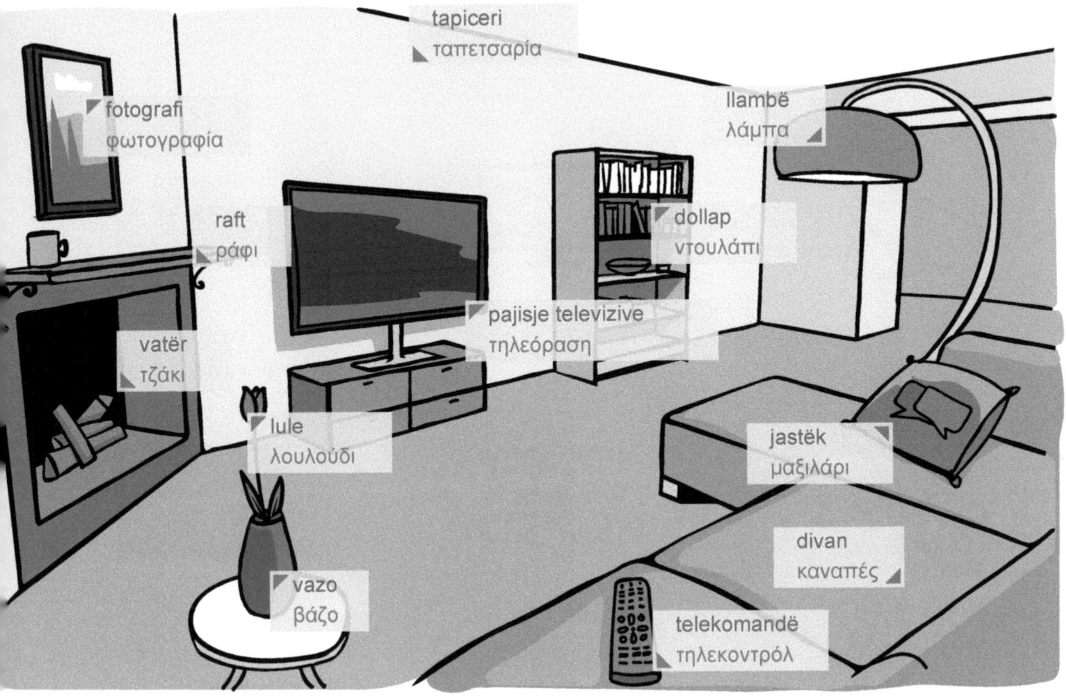

tapiceri
ταπετσαρία

fotografi
φωτογραφία

llambë
λάμπα

raft
ράφι

dollap
ντουλάπι

vatër
τζάκι

pajisje televizive
τηλεόραση

lule
λουλούδι

jastëk
μαξιλάρι

divan
καναπές

vazo
βάζο

telekomandë
τηλεκοντρόλ

qilim
χαλί

perde
κουρτίνα

tavolinë
τραπέζι

karrige
καρέκλα

karrige lëkundëse
κουνιστή πολυθρόνα

kolltuk
πολυθρόνα

libri

βιβλίο

batanije

κουβέρτα

zbukurime

διακόσμηση

dru zjarri

καυσόξυλα

film

ταινία

stereo

στερεοφωνικό σύστημα

çelës

κλειδί

gazetë

εφημερίδα

pikturë

πίνακας ζωγραφικής

afishe

αφίσα

radio

ραδιόφωνο

bllok shënimesh

σημειωματάριο

fshesë me korent

ηλεκτρική σκούπα

kaktus

κάκτος

qiri

κερί

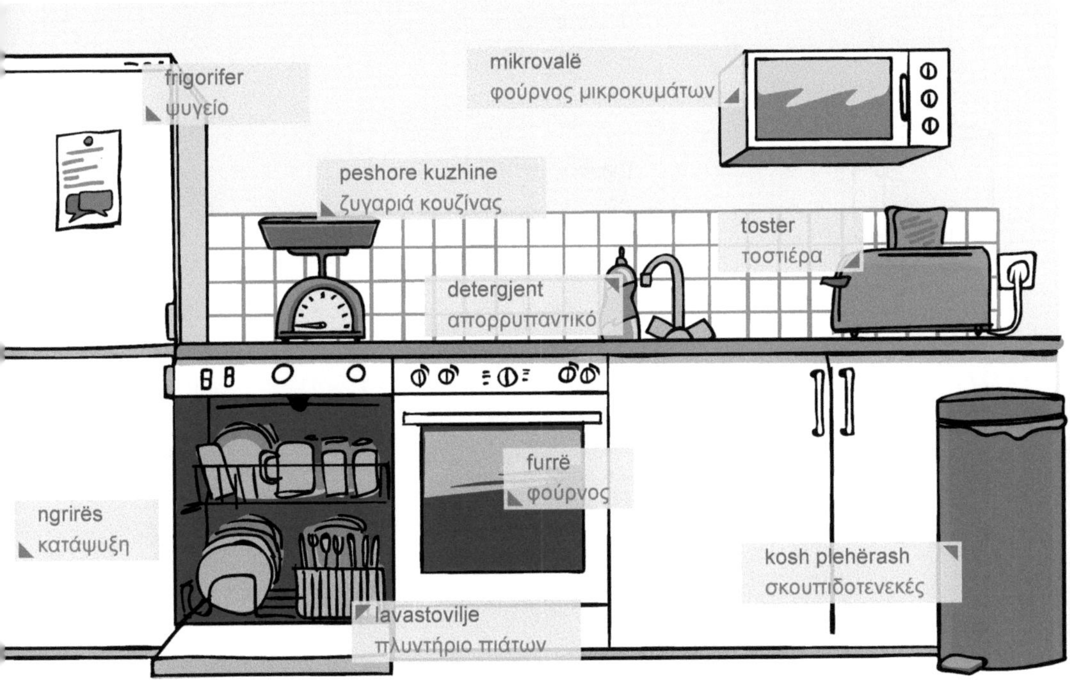

frigorifer
ψυγείο

mikrovalë
φούρνος μικροκυμάτων

peshore kuzhine
ζυγαριά κουζίνας

toster
τοστιέρα

detergjent
απορρυπαντικό

furrë
φούρνος

ngrirës
κατάψυξη

kosh plehërash
σκουπιδοτενεκές

lavastovilje
πλυντήριο πιάτων

sobë

κουζίνα

tenxhere

κατσαρόλα

tenxhere me kapak

μαντεμένια κατσαρόλα

tigan special (Wok)

γουόκ/καντάι

tigan

τηγάνι

çajnik

βραστήρας

tenxhere me avull

ατμομάγειρας

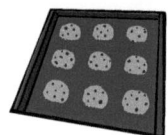

tavë pjekjeje

ταψί

enë

πιατικά

filxhan

κούπα

tas

μπολ

shkopinj

ξυλάκια

garuzhde

κουτάλα

spatul

σπάτουλα

tel kuzhine

ανακατεύω

kulluese

σουρωτήρι

sitë

σουρωτηράκι

rende

τρίφτης

havan

γουδί

skarë

ψησταριά

zjarr

ανοιχτή φωτιά

dërrasë për prerje

σανίδα κοπής

okllai

πλάστης

heqëse tapash

ανοιχτήρι φελλών

kanaçe

κονσέρβα

hapëse kanaçeje

ανοιχτήρι κονσέρβας

rrobë për të kapur tenxheren

γάντι φούρνου

lavaman

νεροχύτης

furçë

βούρτσα

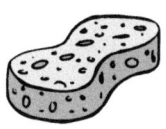

sfungjer

σφουγγάρι

përzjerës

μπλέντερ

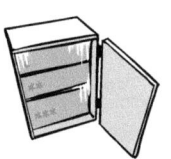

ngrirës

καταψύκτης

biberon për lëngje

μπιμπερό

rubinet

βρύση

tualet

μπάνιο

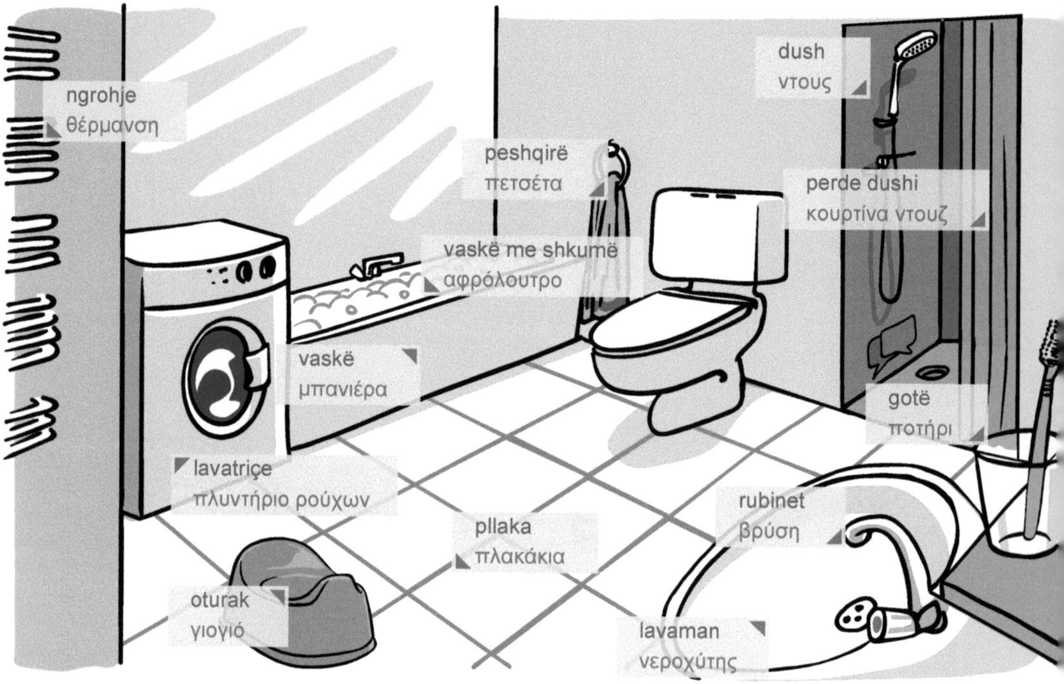

ngrohje
θέρμανση
peshqirë
πετσέτα
dush
ντους
perde dushi
κουρτίνα ντουζ
vaskë me shkumë
αφρόλουτρο
vaskë
μπανιέρα
gotë
ποτήρι
lavatriçe
πλυντήριο ρούχων
rubinet
βρύση
pllaka
πλακάκια
oturak
γιογιό
lavaman
νεροχύτης

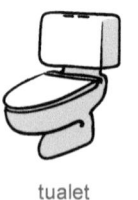

tualet
τουαλέτα

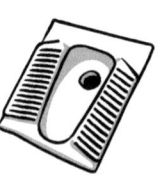

WC e sheshtë
τούρκικη τουαλέτα

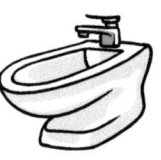

bide
μπιντές

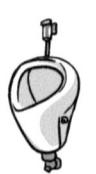

tualet publik
ουρητήριο

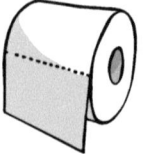

letër higjienike
χαρτί υγείας

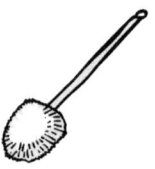

furçe për WC
πιγκάλ

furçë dhëmbësh

οδοντόβουρτσα

pastë dhëmbësh

οδοντόκρεμα

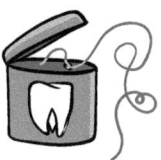

fije dentare

οδοντικό νήμα

laj

πλένω

dorezë dushi

τηλέφωνο ντους

larës për zonën intime

ντουσιέρα

legen

λεκάνη

furçë për masazh shpine

βούρτσα πλάτης

sapun

σαπούνι

shampo trupi

αφρόλουτρο

shampo

σαμπουάν

leckë pastruese

φανέλα

kullues

σιφόνι

krem

κρέμα

antidjersë

αποσμητικό

pasqyrë

καθρέφτης

pasqyrë dore

καθρέφτης χειρός

brisk rroje

ξυραφάκι

shkumë rroje

αφρός ξυρίσματος

locion pas rrojes

αφτερσέιβ

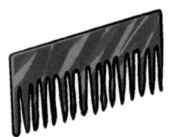

krehër

χτένα

furçë

βούρτσα

tharëse flokësh

σεσουάρ

llak për flokët

λακ

grim

μακιγιάζ

buzëkuq

κραγιόν

manikyr

βερνίκι νυχιών

mbushje pambuku

βαμβάκι

gërshërë për thonj

ψαλίδι νυχιών

parfum

άρωμα

çantë për sendet personale

νεσεσέρ

Stol

σκαμπό

peshore

ζυγαριά

robëdëshambër

μπουρνούζι

dorashka gome

ελαστικά γάντια

tampon

ταμπόν

peceta higjienike

πετσέτα υγιεινής

tualet I lëvizshëm

χημική τουαλέτα

dhomë fëmijësh
παιδικό δωμάτιο

orë me zile
ξυπνητήρι
lodra me pellushë
λούτρινο ζωάκι
makinë lodër
αυτοκινητάκι
rraketake
κουδουνίστρα
shtëpi kukullash
κουκλόσπιτο
dhuratë
δώρο

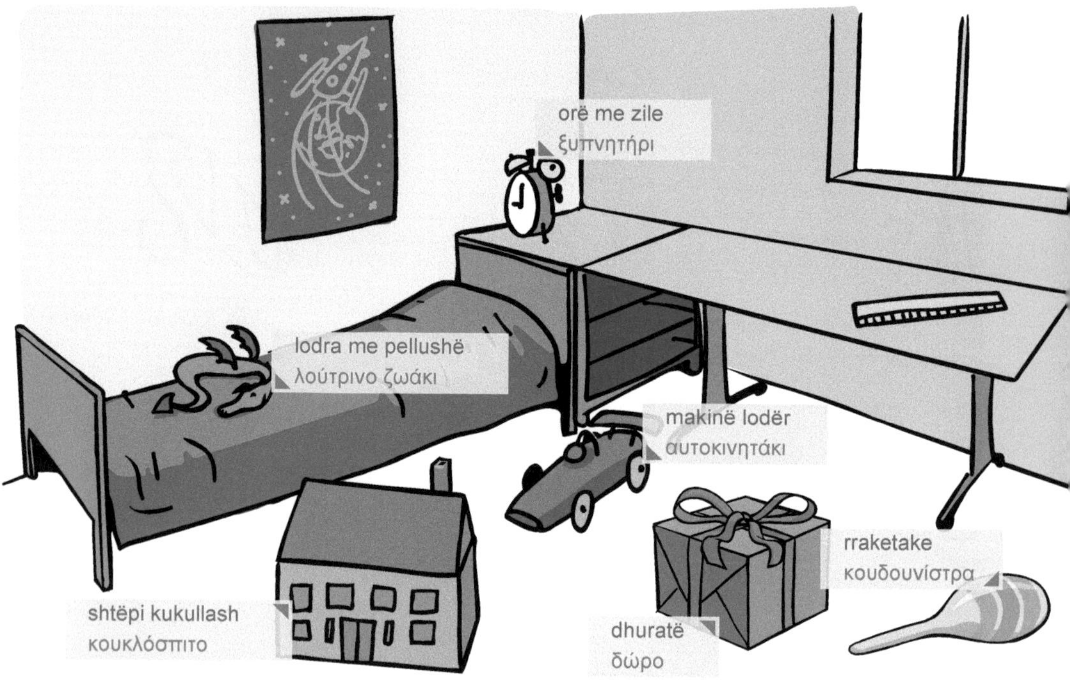

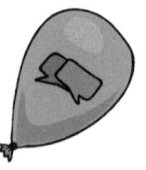

tollumbace
μπαλόνι

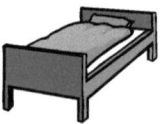

krevat
κρεβάτι

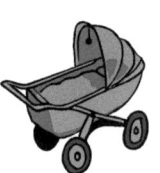

karrocë fëmijësh
καροτσάκι

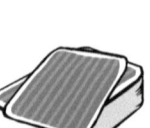

lojë me letra
τράπουλα

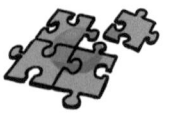

bashkim pjesësh me figura
παζλ

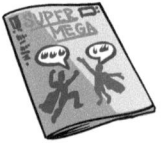

komik
κόμικς

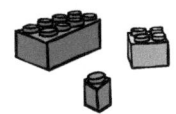

formuese lodër

τουβλάκια lego

kuba plastikë

τουβλάκια κατασκευών

lodra

φιγούρα δράσης

badi

βρεφικό φορμάκι

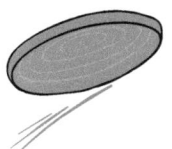

frizbi

φρίσμπι

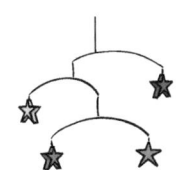

lodra të varura tek krevati i fëmijëve

μόμπιλο

tavolinë lojërash

επιτραπέζιο παιχνίδι

zare

ζάρια

model treni

σετ τρενάκι

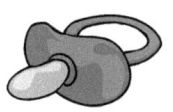

biberon

πιπίλα

festë

πάρτι

libër me ilustrime

εικονογραφημένο βιβλίο

top

μπάλα

kukull

κούκλα

luaj

παίζω

grumbull rëre

σκάμμα με άμμο

kolovarëse

κούνια

lodra

παιχνίδια

leva për lojra video

κονσόλα βιντεοπαιχνιδιών

triçikël

τρίκυκλο

arush prej pellushi

αρκουδάκι

garderobë

ντουλάπα

veshje

ρούχα

çorape

κάλτσες

çorape të gjata

καλτσοδέτες

geta

καλσόν

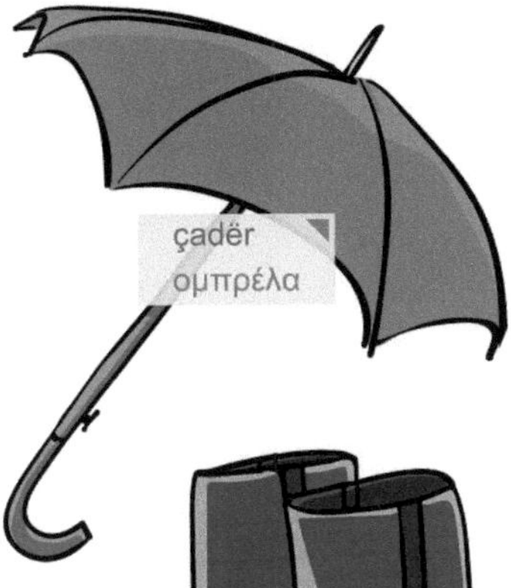

shall
κασκόλ

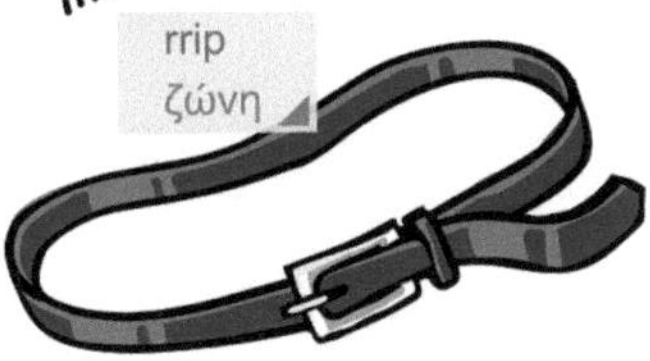

çadër
ομπρέλα

rrip
ζώνη

bluzë pa jakë
μπλουζάκι

atlete
αθλητικά παπούτσια

çizme
μπότες

pantofla
παντόφλες

sandale

σανδάλια

këpucë

παπούτσια

çizme llastiku

γαλότσες

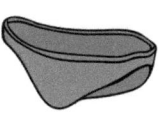

të mbathura

εσώρουχο

reçipeta

σουτιέν

kanotierë

φανέλα

trup
σώμα

pantallona
παντελόνι

xhinse
τζιν παντελόνι

fund
φούστα

bluzë
μπλούζα

këmishë
πουκάμισο

pulovër
πουλόβερ

triko
πουλόβερ

xhaketë
σακάκι

xhaketë
μπουφάν

pallto
παλτό

mushama shiu
αδιάβροχο πανωφόρι

kostum
κοστούμι

fustan
φόρεμα

fustan nusërie
νυφικό

kostum

κοστούμι

këmishë nate

νυχτικό

pizhama

πιτζάμες

sari (veshje tradicionale indiane)

σάρι

shami koke

μαντήλι

çallmë

τουρμπάνι

veshje për femrat e besimit musliman

μπούρκα

kaftan (lloj veshjeje tradicionale)

καφτάνι

ferexhe

μουσουλμανικό ένδυμα

kostum banje

ολόσωμο μαγιό

rroba banje

ανδρικό μαγιό

pantallona të shkurtra

σορτς

tuta sporti

αθλητική φόρμα

përparëse

ποδιά

dorashka

γάντια

kopsë

κουμπί

syze

γυαλιά

byzylyk

βραχιόλι

gjerdan

περιδέραιο

unazë

δαχτυλίδι

vath

σκουλαρίκι

kapuç

καπέλο

varëse për pallto

κρεμάστρα

kapele

καπέλο

kravatë

γραβάτα

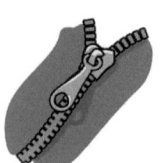

zinxhir

φερμουάρ

helmetë

κράνος

tiranda

τιράντες

uniformë shkolle

μαθητική στολή

uniformë

στολή

gushore

σαλιάρα

biberon

πιπίλα

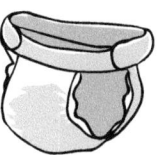

pelenë

πάνα

zyrë
γραφείο

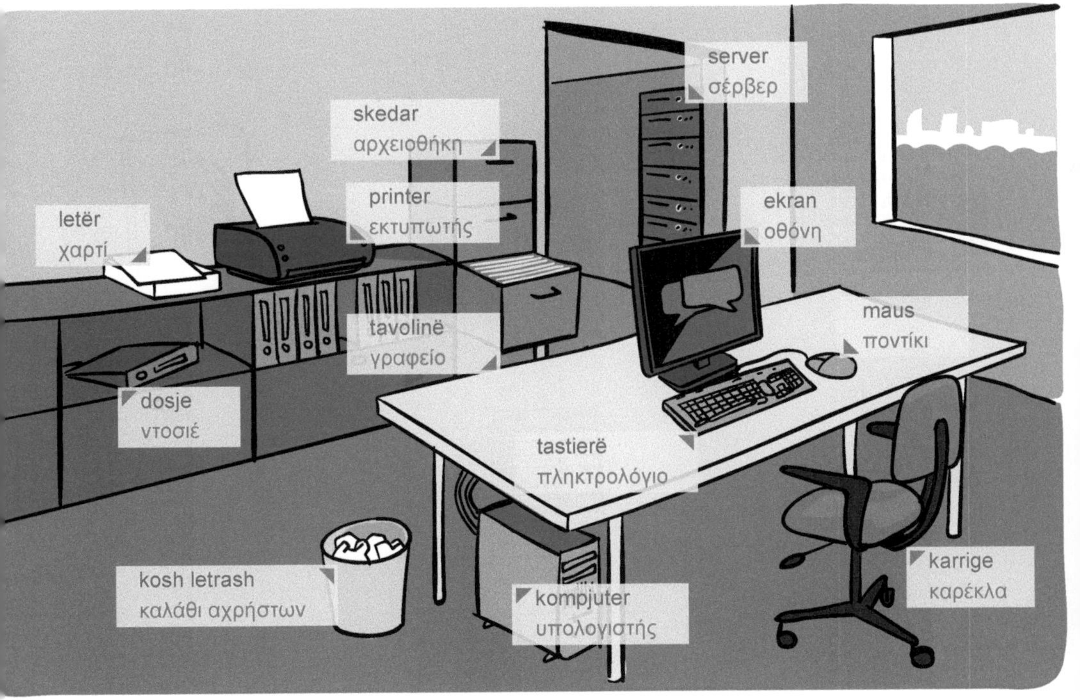

server
σέρβερ

skedar
αρχειοθήκη

printer
εκτυπωτής

ekran
οθόνη

letër
χαρτί

tavolinë
γραφείο

maus
ποντίκι

dosje
ντοσιέ

tastierë
πληκτρολόγιο

kosh letrash
καλάθι αχρήστων

kompjuter
υπολογιστής

karrige
καρέκλα

filxhan kafeje

κούπα του καφέ

makinë llogaritëse

κομπιουτεράκι

internet

ίντερνετ

kompjuter portativ

λάπτοπ

letër

γράμμα

mesazh

μήνυμα

telefon

κινητό

rrjet

δίκτυο

fotokopje

φωτοτυπικό μηχάνημα

program

λογισμικό

telefon

τηλέφωνο

prizë

πρίζα

pajisje faksi

συσκευή φαξ

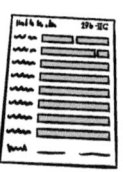

formular

έντυπο

dokument

έγγραφο

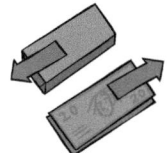

blej

αγοράζω

paguaj

πληρώνω

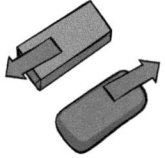

tregtoj

συναλλάσσομαι

para

χρήματα

dollar

δολάριο

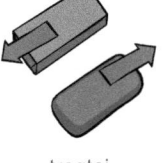

euro

ευρώ

jen

γιεν

rubla

ρούβλι

franga zvicerane

ελβετικό φράγκο

juani kinez

ρενμίνμπι γιουάν

rupje

ρουπία

bankomat

ATM (αυτόματη ταμειακή μηχανή)

pikë këmbimi valutor

ανταλλακτήρια
συναλλάγματος

ar

χρυσός

argjend

ασήμι

nafta

πετρέλαιο

energji

ενέργεια

çmim

τιμή

kontratë

συμβόλαιο

taksë

φόρος

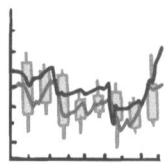

aksione

μετοχή

punoj

δουλεύω

punonjës

υπάλληλος

punëdhënës

εργοδότης

fabrikë

εργοστάσιο

dyqan

κατάστημα

profesionet

επαγγέλματα

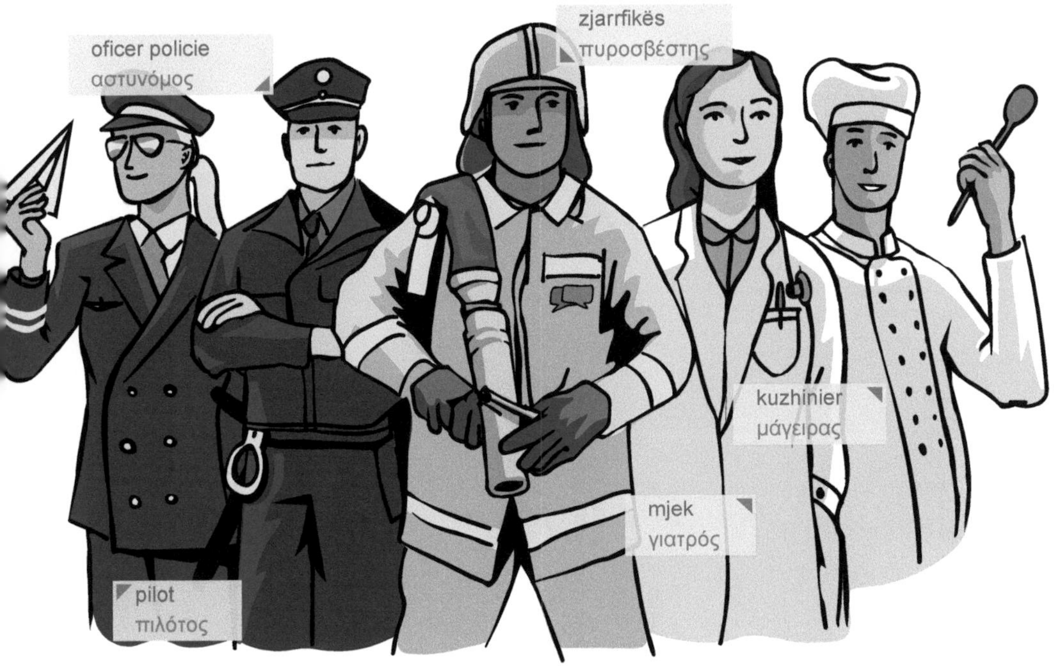

oficer policie
αστυνόμος
zjarrfikës
πυροσβέστης
kuzhinier
μάγειρας
mjek
γιατρός
pilot
πιλότος

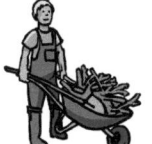

kopshtar

κηπουρός

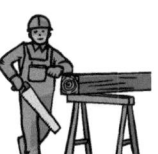

marangoz

ξυλουργός

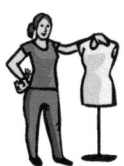

rrobaqepëse

μοδίστρα

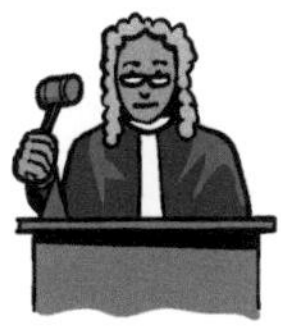

gjykatës

δικαστής

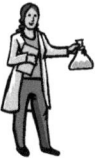

kimist

χημικός

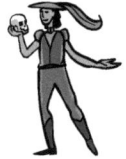

aktor

ηθοποιός

shofer autobuzi

οδηγός λεωφορείου

taksist

ταξιτζής

peshkatar

ψαράς

pastruese

καθαρίστρια

riparues çatish

τεχνίτης στεγών

kamarier

σερβιτόρος

gjuetar

κυνηγός

piktor

ζωγράφος

furrxhi

αρτοποιός

elektriçist

ηλεκτρολόγος

ndërtues

οικοδόμος

inxhinier

μηχανολόγος

kasap

κρεοπώλης

hidraulik

υδραυλικός

postieri

ταχυδρόμος

ushtar

στρατιώτης

arkitekt

αρχιτέκτονας

arkëtar

ταμίας

luleshitës

ανθοπώλης

berber

κομμωτής

kontrollor

ελεγκτής εισιτηρίων

mekanik

μηχανικός

kapiten

καπετάνιος

dentist

οδοντίατρος

shkencëtar

επιστήμονας

rabin

ραβίνος

imam

ιμάμης

murg

μοναχός

klerik

ιερέας

mjete
εργαλεία

çekiç
σφυρί
pinca
πένσα
kaçavidë
κατσαβίδι
elektrik dore
φακός
çelës mekanik
Γαλλικό κλειδί

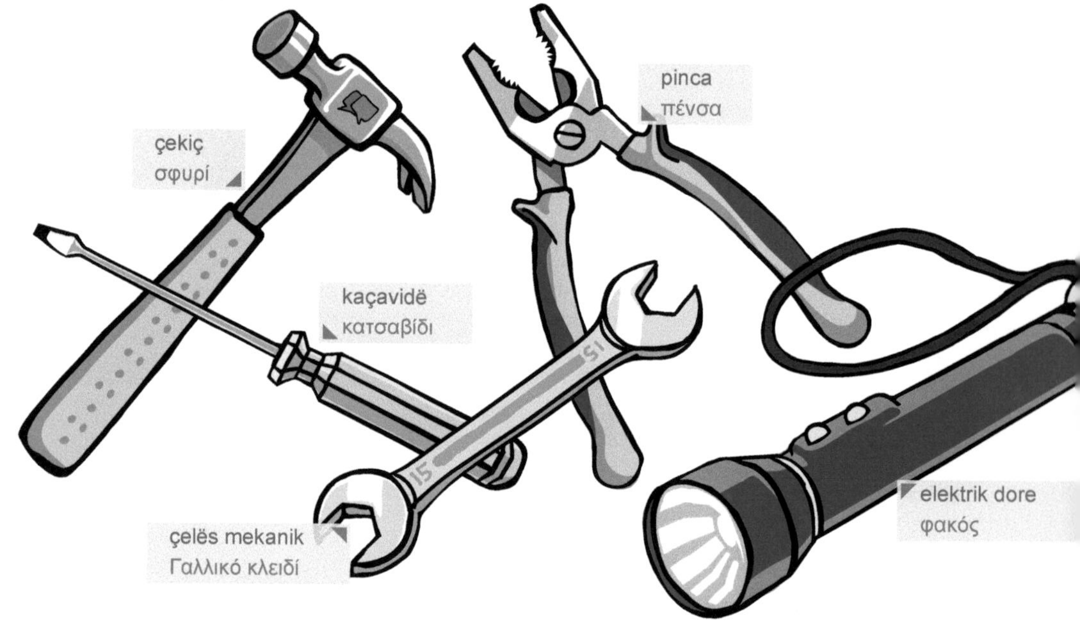

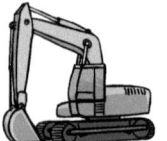

ekskavator

εκσκαφέας

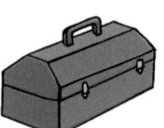

kuti veglash

εργαλειοθήκη

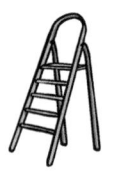

shkallë

σκάλα

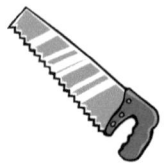

sharrë

πριόνι

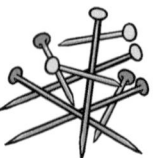

gozhdë

καρφιά

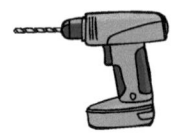

trapan

τρυπάνι

riparoj

επισκευάζω

lopatë

φτυάρι

Dreq!

Να πάρει!

kaci

φαράσι

kuti boje

δοχείο χρωμάτων

vidhë

βίδες

instrumenta muzikorë

μουσικά όργανα

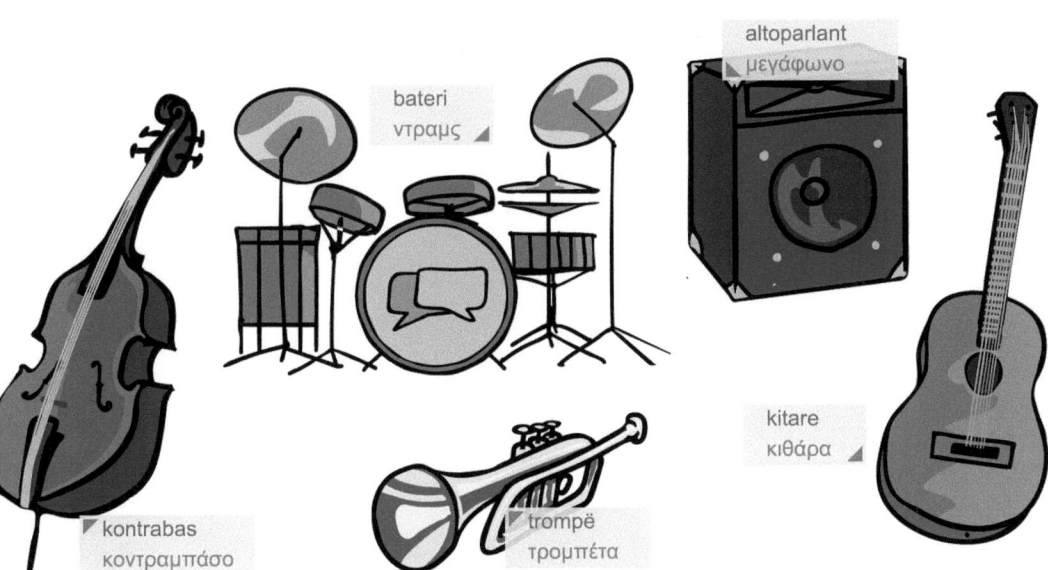

altoparlant
μεγάφωνο

bateri
ντραμς

kitare
κιθάρα

kontrabas
κοντραμπάσο

trompë
τρομπέτα

piano

πιάνο

violinë

βιολί

bas

μπάσο

tamburë

τύμπανα

daulle

τύμπανο

tastierë pianoje

πλήκτρα

saksofon

σαξόφωνο

flaut

φλάουτο

mikrofon

μικρόφωνο

kopsht zoologjik

ζωολογικός κήπος

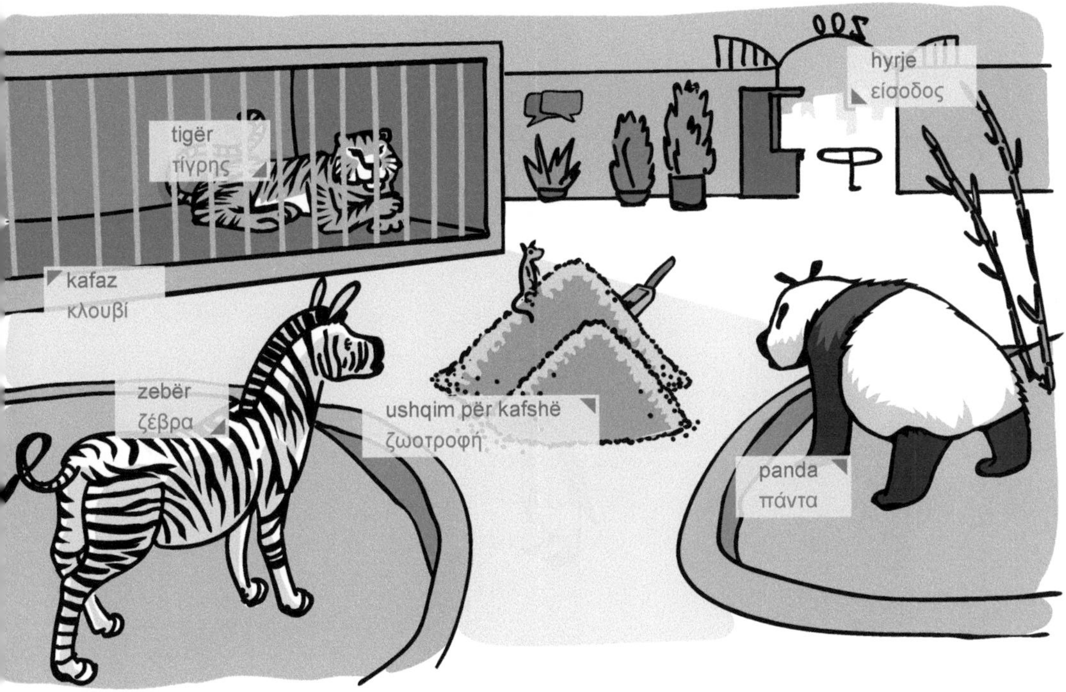

hyrje
είσοδος
tigër
τίγρης
kafaz
κλουβί
zebër
ζέβρα
ushqim për kafshë
ζωοτροφή
panda
πάντα

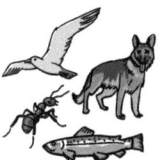

kafshë

ζώα

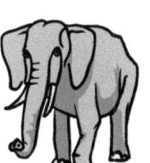

elefant

ελέφαντας

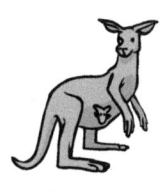

kangur

καγκουρό

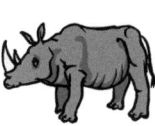

rinoceront

ρινόκερος

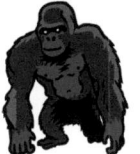

gorillë

γορίλας

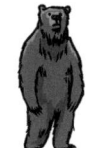

ari

αρκούδα

deve
καμήλα

struc
στρουθοκάμηλος

luan
λιοντάρι

majmun
πίθηκος

flamingo
φλαμίνγκο

papagall
παπαγάλος

ari polar
πολική αρκούδα

pinguin
πιγκουίνος

peshkaqen
καρχαρίας

pallua
παγώνι

gjarpër
φίδι

krokodil
κροκόδειλος

punonjës i kopshtit zoologjik

φύλακας ζωολογικού κήπου

fokë
φώκια

xhaguar
τζάγκουαρ

poni

πόνυ

leopard

λεοπάρδαλη

hipopotam

ιπποπόταμος

gjirafë

καμηλοπάρδαλη

shqiponjë

αετός

derr i egër

αγριογούρουνο

peshk

ψάρι

breshkë

χελώνα

lopë deti

θαλάσσιος ίππος

dhelpër

αλεπού

gazelë

γαζέλα

futboll amerikan
Αμερικάνικο ποδόσφαιρο

çiklizëm
ποδηλασία

tenis
αντισφαίριση

basketboll
μπάσκετ

not
κολύμβηση

boks
πυγχαμία

hokej mbi akull
χόκεϋ επί πάγου

futboll
ποδόσφαιρο

badminton
μπάντμιντον

atletikë
στίβος

hendboll
χάντμπολ

ski
σκι

polo
πόλο

aktivitet

δραστηριότητες

hidhem
πηδάω
përqafoj
αγκαλιάζω
qesh
γελάω
eci
περπατάω
këndoj
τραγουδάω
ëndërroj
ονειρεύομαι
lutem
προσεύχομαι
puth
φιλάω

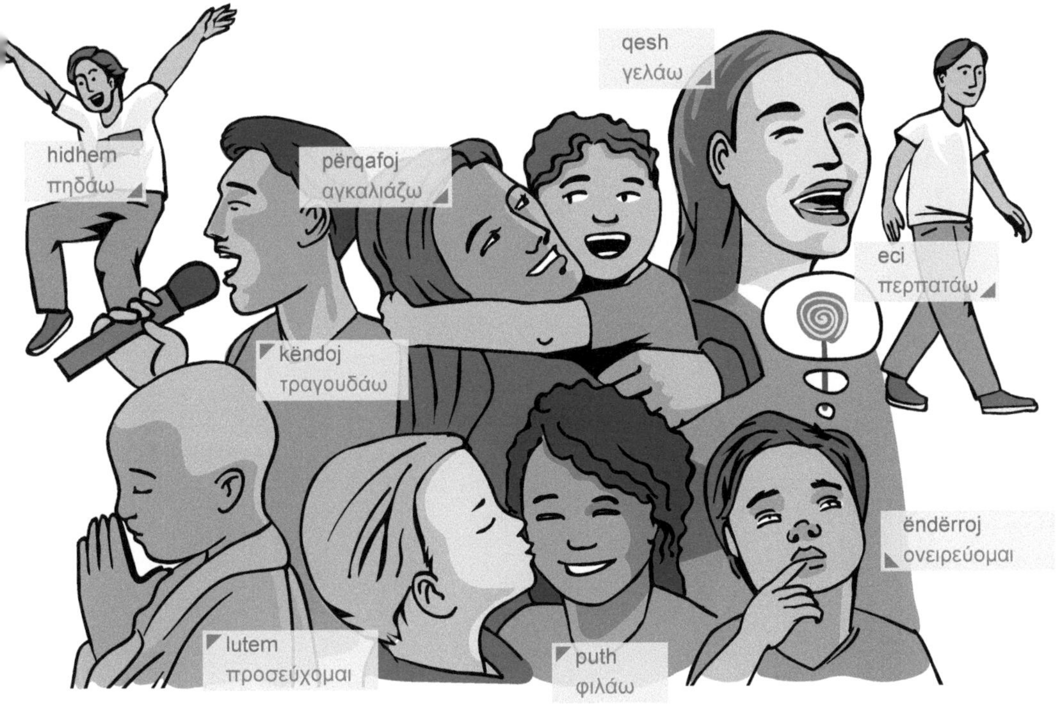

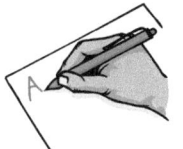

shkruaj

γράφω

vizatoj

σχεδιάζω

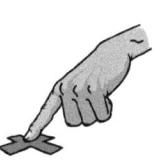

tregoj

δείχνω

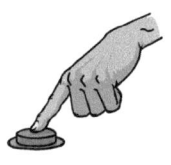

shtyj

πιέζω

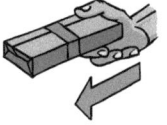

jap

δίνω

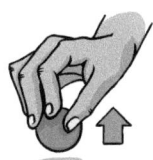

marr

παίρνω

kam

έχω

bëj

κάνω

jam

είμαι

qëndroj

στέκομαι

vrapoj

τρέχω

tërheq

τραβάω

hedh

ρίχνω

bie

πέφτω

shtrihem

ξαπλώνω

pres

περιμένω

mbaj

κουβαλώ

ulem

κάθομαι

vishem

φοράω

fle

κοιμάμαι

zgjohem

ξυπνάω

shikoj
κοιτάω

qaj
κλαίω

përkëdhel
χαϊδεύω

kreh
χτενίζω

bisedoj
μιλάω

kuptoj
καταλαβαίνω

kërkoj
ρωτάω

dëgjoj
ακούω

pi
πίνω

ha
τρώω

sistemoj
συγυρίζω

dashuroj
αγαπάω

gatuaj
μαγειρεύω

drejtoj makinën
οδηγώ

fluturoj
πετάω

aktivitet - δραστηριότητες

lundroj
κάνω ιστιοπλοΐα

llogaris
υπολογίζω

lexoj
διαβάζω

mësoj
μαθαίνω

punoj
δουλεύω

martohem
παντρεύομαι

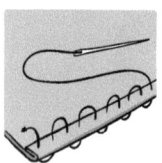

qep
ράβω

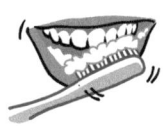

laj dhëmbët
βουρτσίζω τα δόντια

vras
σκοτώνω

tymos
καπνίζω

dërgoj
στέλνω

gjyshe
γιαγιά

gjysh
παππούς

baba
πατέρας

nënë
μητέρα

bebe
μωρό

vajzë
κόρη

djalë
γιος

mysafir

καλεσμένος

teze, hallë

θεία

dajë, xhaxha

θείος

vëlla

αδελφός

motër

αδελφή

trupi
σώμα

balli
μέτωπο
syri
μάτι
shpatulla
ώμος
gishti
δάχτυλο
fytyra
πρόσωπο
mjekra
πιγούνι
dora
χέρι
kraheröri
στήθος
këmba
πόδι
krahu
βραχίονας

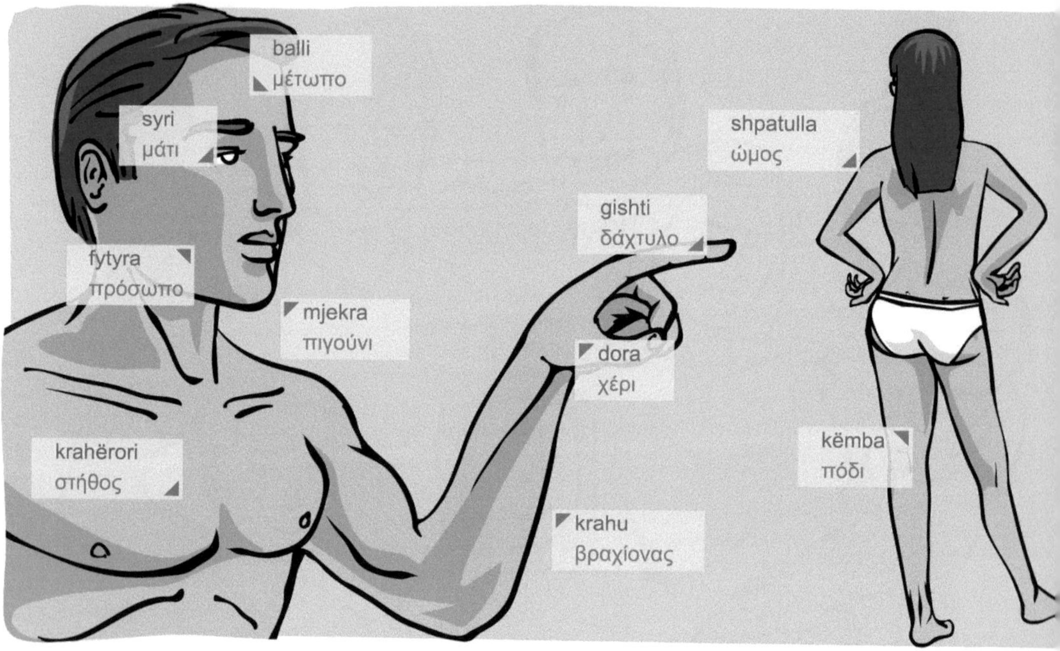

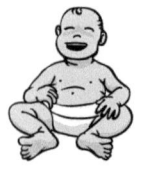

bebe
μωρό

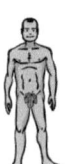

burrë
άνδρας

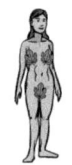

grua
γυναίκα

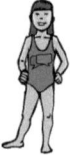

vajzë
κορίτσι

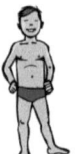

djalë
αγόρι

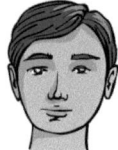

koka
κεφάλι

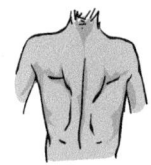

shpina
πλάτη

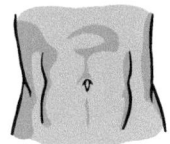

barku
κοιλιά

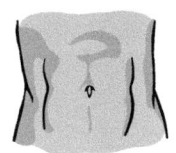

kërthiza
αφαλός

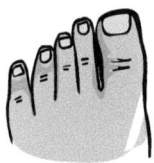

gisht këmbe
δάχτυλο ποδιού

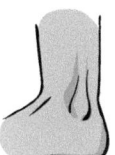

Thembra
φτέρνα

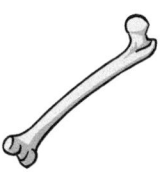

kockë
κόκκαλο

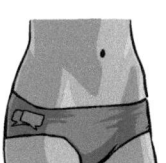

legeni
γοφός

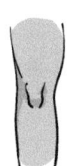

gjuri
γόνατο

bërryli
αγκώνας

hunda
μύτη

vithe
γλουτός

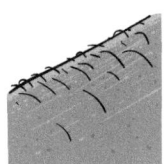

lëkura
δέρμα

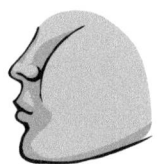

faqja
μάγουλο

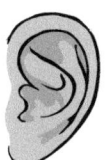

veshi
αυτί

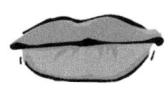

buza
χείλος

trupi - σώμα

69

goja

στόμα

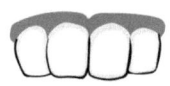

dhëmbët

δόντι

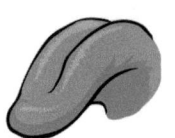

gjuha

γλώσσα

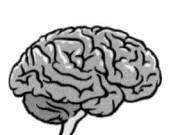

truri

εγκέφαλος

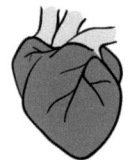

zemra

καρδιά

muskul

μυς

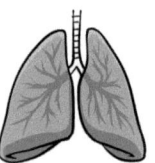

mushkëria

πνεύμονας

mëlçia

συκώτι

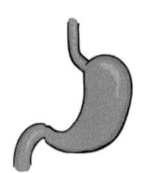

stomaku

στομάχι

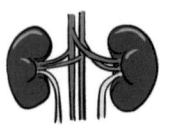

veshka

νεφρά

seks

σεξουαλική επαφή

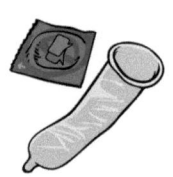

prezervativ

προφυλακτικό

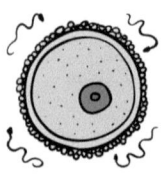

veza

ωάριο

sperma

σπέρμα

shtatëzani

εγκυμοσύνη

trupi - σώμα

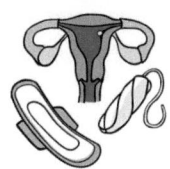

menstruacione
....
περίοδος

vagina
....
γυναικείος κόλπος

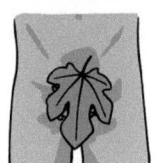

penis
....
πέος

vetulla
....
φρύδι

flokët
....
μαλλιά

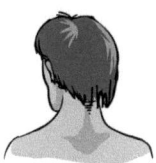

qafa
....
λαιμός

spital
νοσοκομείο

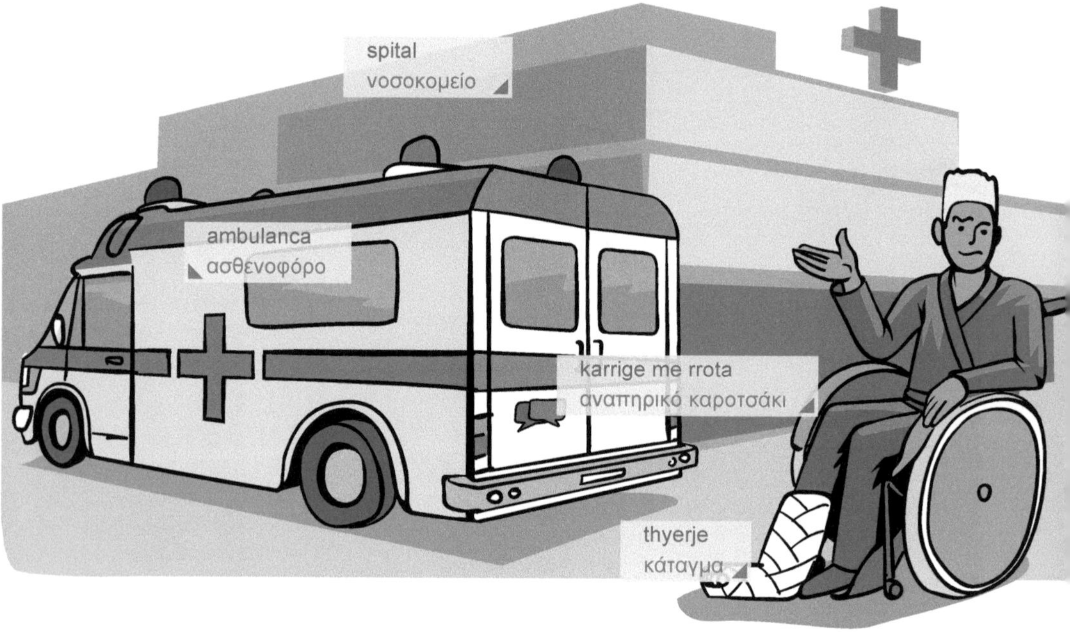

spital
νοσοκομείο
ambulanca
ασθενοφόρο
karrige me rrota
αναπηρικό καροτσάκι
thyerje
κάταγμα

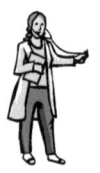

mjek

γιατρός

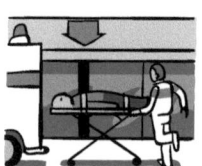

sallë urgjencash

μονάδα εντατικής θεραπείας

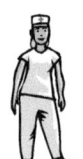

infermiere

νοσοκόμα

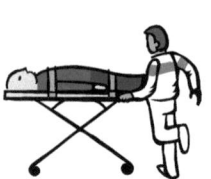

emergjencë

έκτακτη ανάγκη

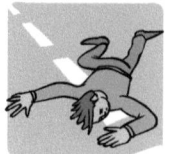

i pandërgjegjshëm

λιπόθυμος

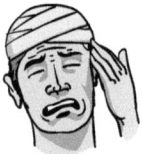

dhimbje

πόνος

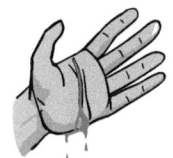

dëmtim

τραύμα

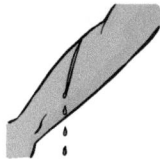

gjakosje

αιμορραγία

infarkt

έμφραγμα

goditje

εγκεφαλικό

alergji

αλλεργία

kolla

βήχας

ethe

πυρετός

grip

γρίπη

diarre

διάρροια

dhimbje koke

πονοκέφαλος

kancer

καρκίνος

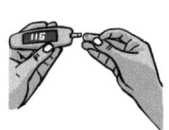

diabet

διαβήτης

kirurg

χειρουργός

bisturi

νυστέρι

operacion

εγχείρηση

spital - νοσοκομείο

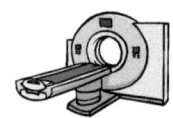

CT (skaner)

αξονική τομογραφία

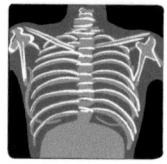

radiografi

ακτινογραφία

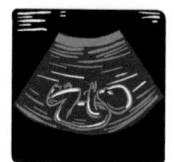

ultratingull

υπέρηχος

maskë fytyre

μάσκα

sëmundje

ασθένεια

dhomë pritjeje

αίθουσα αναμονής

paterica

πατερίτσα

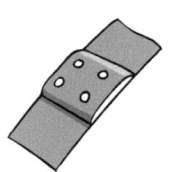

leukoplast

χάνσαπλαστ

fasho

επίδεσμος

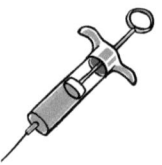

injeksion

ένεση

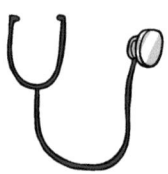

stetoskop

στηθοσκόπιο

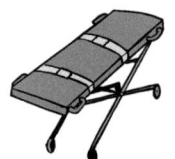

barelë

φορείο

termometër

θερμόμετρο

lindje

γέννηση

mbipeshë

υπέρβαρο

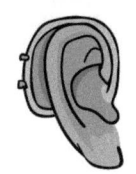

aparat dëgjimi

ακουστικό βαρηκοΐας

dezinfektant

αντισηπτικό

infeksion

λοίμωξη

virus

ιός

HIV / AIDS

HIV/AIDS

mjekësi, mjekim

φάρμακο

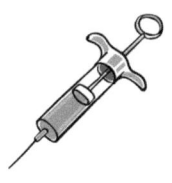

vaksinim

εμβολιασμός

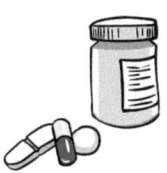

tableta

δισκία

pilulë

χάπι

telefonatë emergjence

κλήση έκτακτης ανάγκης

aparat tensioni

πιεσόμετρο αίματος

i sëmurë / i shëndetshëm

άρρωστος / υγιής

Ndihmë!

Βοήθεια!

alarm

συναγερμός

sulm

βιαιοπραγία

atak

επίθεση

rrezik

κίνδυνος

dalje emergjence

έξοδος κινδύνου

Zjarr!

Φωτιά!

fikëse zjarri

πυροσβεστήρας

aksident

ατύχημα

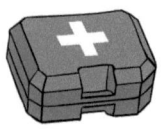

kuti e ndimës së shpejtë

κουτί πρώτων βοηθειών

SOS

SOS

policia

αστυνομία

Europa

Ευρώπη

Amerika e Veriut

Βόρεια Αμερική

Amerika e Jugut

Νότια Αμερική

Afrika

Αφρική

Azia

Ασία

Australia

Αυστραλία

Atlantiku

Ατλαντικός Ωκεανός

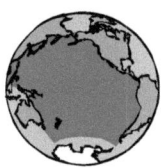

Paqësori

Ειρηνικός Ωκεανός

Oqeani Indian

Ινδικός Ωκεανός

Oqeani Antarktik

Ανταρκτικός Ωκεανός

Oqeani Arktik

Αρκτικός Ωκεανός

Poli i veriut

Βόρειος Πόλος

Poli i Jugut

Νότιος Πόλος

Antarktida

Ανταρκτική

toka

Γη

tokë

γη

det

θάλασσα

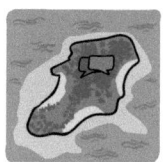

ishull

νησί

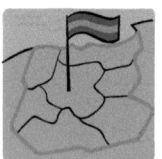

komb

έθνος

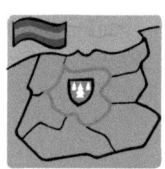

shtet

πολιτεία

fusha e orës

καντράν ρολογιού

akrepi i orës

ωροδείκτης

akrepi i minutave

λεπτοδείκτης

akrepi i sekondave

δείκτης δευτερολέπτων

Sa është ora?

Τι ώρα είναι;

ditë

ημέρα

kohë

χρόνος

tani

τώρα

orë dixhitale

ψηφιακό ρολόι

minutë

λεπτό

orë

ώρα

e hënë
Δευτέρα

MO

W
e mërkurë
Τετάρτη

FR
e premte
Παρασκευή

TU

TH

SA

SO

e martë
Τρίτη

e shtunë
Σάββατο

e enjte
Πέμπτη

e diel
Κυριακή

dje

χθες

sot

σήμερα

nesër

αύριο

mëngjes

πρωί

mesditë

μεσημέρι

mbrëmje

βράδυ

ditë pune

εργάσιμες ημέρες

fundjavë

Σαββατοκύριακο

vit

έτος

shi
βροχή
ylber
ουράνιο τόξο
borë
χιόνι
erë
άνεμος
pranverë
άνοιξη
vjeshtë
φθινόπωρο
verë
καλοκαίρι
dimër
χειμώνας

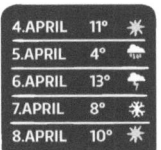

4.APRIL 11°
5.APRIL 4°
6.APRIL 13°
7.APRIL 8°
8.APRIL 10°

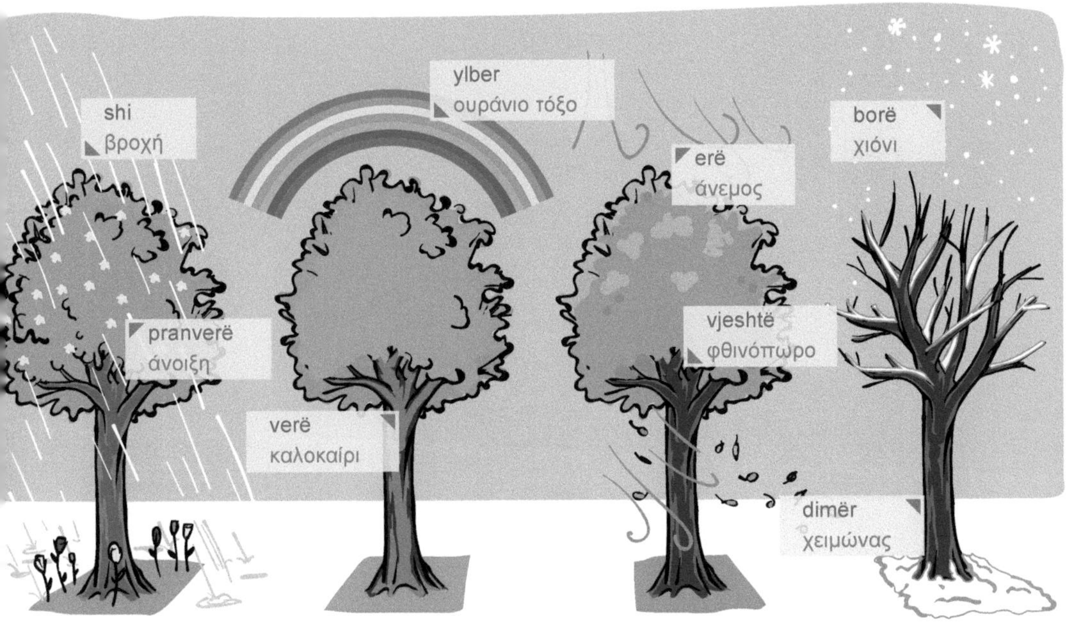

parashikimi i motit

πρόγνωση καιρού

F C
120 40
90 30
60 20
30 10
0 0
-30 -10
-20

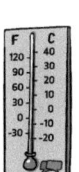

termometër

θερμόμετρο

ndriçim dielli

λιακάδα

re

σύννεφο

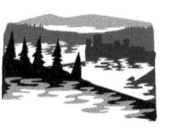

mjegull

ομίχλη

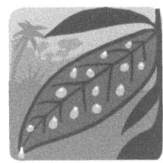

lagështi

υγρασία

vetëtima

αστραπή

gjëmim

κεραυνός

stuhi

καταιγίδα

breshër

χαλάζι

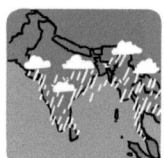

muson

μουσώνας

përmbytje

πλημμύρα

akull

πάγος

janar

Ιανουάριος

shkurt

Φεβρουάριος

mars

Μάρτιος

prill

Απρίλιος

maj

Μάιος

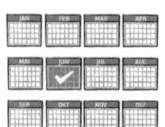

qershor

Ιούνιος

korrik

Ιούλιος

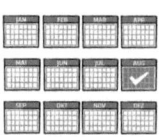

gusht

Αύγουστος

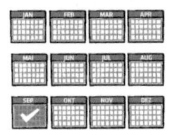

shtator

Σεπτέμβριος

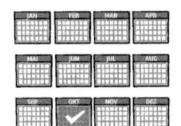

tetor

Οκτώβριος

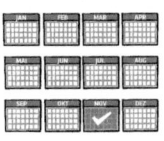

nëntor

Νοέμβριος

dhjetor

Δεκέμβριος

forma
σχήματα

rreth

κύκλος

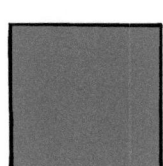

katror

τετράγωνο

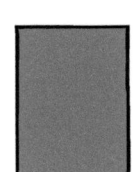

drejtkëndësh

ορθογώνιο
παραλληλόγραμμο

trekëndësh

τρίγωνο

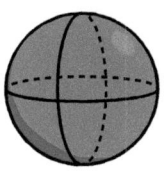

sferë

σφαίρα

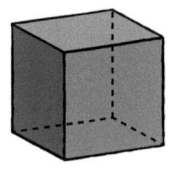

kub

κύβος

e bardhë

άσπρο

e verdhë

κίτρινο

portokalli

πορτοκαλί

rozë

ροζ

e kuqe

κόκκινο

vjollcë

μωβ

blu

μπλε

e gjelbër

πράσινο

kafe

καφέ

gri

γκρι

e zezë

μαύρο

shumë / pak

πολύ / λίγο

i nevrikosur / i qetë

θυμωμένος / ήρεμος

i bukur / i shëmtuar

όμορφος / άσχημος

fillim / fund

αρχή / τέλος

i madh / i vogël

μεγάλος / μικρός

i ndritshëm / i errët

φωτεινός / σκοτεινός

vëlla / motër

αδελφός / αδελφή

e pastër / e pistë

καθαρός / λερωμένος

e plotë / jo e plotë

πλήρης / ατελής

ditë / natë

ημέρα / νύχτα

gjallë / vdekur

νεκρός / ζωντανός

i gjerë / i ngushtë

φαρδύς / στενός

i ngrënshëm / i pangrënshëm

βρώσιμος / μη βρώσιμος

i keq / i këndshëm

κακός / ευγενικός

i lumtur / i mërzitur

ενθουσιασμένος / βαριεστημένος

i shëndoshë / i dobët

παχύς / λεπτός

e para / e fundit

πρώτος / τελευταίος

mik / armik

φίλος / εχθρός

plot / bosh

γεμάτος / άδειος

e fortë / e butë

σκληρός / μαλακός

e rëndë / e lehtë

βαρύς / ελαφρύς

uri / etje

πείνα / δίψα

i sëmurë / i shëndetshëm

άρρωστος / υγιής

e paligjshme / e ligjshme

παράνομος / νόμιμος

i zgjuar / budalla

έξυπνος / χαζός

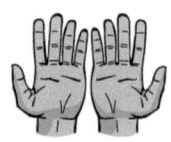

majtas / djathtas

αριστερός / δεξιός

afër / larg

κοντινός / μακρινός

të kundërta - αντίθετα

e re / e përdorur

καινούριος / μεταχειρισμένος

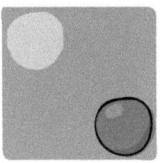

asgjë / diçka

τίποτα / κάτι

i moshuar / i ri

γέρος | νέος

ndezur / fikur

αναμμένος / σβηστός

hapur / mbyllur

ανοιχτός / κλειστός

i qetë / i zhurmshëm

χαμηλόφωνος / μεγαλόφωνος

i pasur / i varfër

πλούσιος / φτωχός

e drejtë / e gabuar

σωστός / λανθασμένος

i ashpër / i butë

τραχύς / λείος

i mërzitur / i lumtur

λυπημένος / χαρούμενος

i shkurtër / i gjatë

κοντός / μακρύς

ngadalë / shpejt

αργός / γρήγορος

i lagësht / i thatë

υγρός / στεγνός

ngrohtë / freskët

ζεστός / δροσερός

luftë / paqe

πόλεμος / ειρήνη

të kundërta - αντίθετα

0	**1**	**2**
zero	një	dy
μηδέν	ένα	δύο

3	**4**	**5**
tre	katër	pesë
τρία	τέσσερα	πέντε

6	**7**	**8**
gjashtë	shtatë	tetë
έξι	εφτά	οκτώ

9	**10**	**11**
nentë	dhjetë	njëmbëdhjetë
εννιά	δέκα	έντεκα

12
dymbëdhjetë
δώδεκα

13
trembëdhjetë
δεκατρία

14
katërmbëdhjetë
δεκατέσσερα

15
pesëmbëdhjetë
δεκαπέντε

16
gjashtëmbëdhjetë
δεκαέξι

17
shtatëmbëdhjetë
δεκαεφτά

18
tetëmbëdhjetë
δεκαοκτώ

19
nentëmbëdhjetë
δεκαεννέα

20
njëzetë
είκοσι

100
qind
εκατό

1.000
mijë
χίλια

1.000.000
milion
εκατομμύριο

anglisht

Αγγλικά

anglishte amerikane

Αμερικάνικα Αγγλικά

kinezisht mandarin

Μανδαρίνικα Κινέζικα

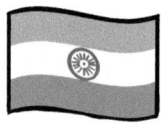

hindi

Χίντι

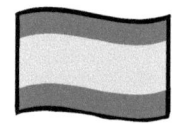

spanjisht

Ισπανικά

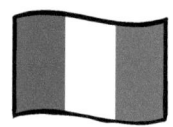

frëngjisht

Γαλλικά

arabisht

Αραβικά

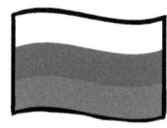

rusisht

Ρώσικα

portugalisht

Πορτογαλικά

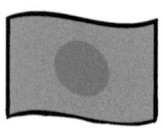

bengalisht

Μπενγκάλι

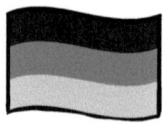

gjermanisht

Γερμανικά

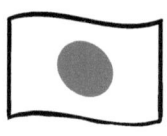

japonisht

Ιαπωνικά

unë

εγώ

ti

εσύ

ai / ajo

αυτός / αυτή / αυτό

ne

εμείς

ju

εσείς

ata

αυτοί / αυτές / αυτά

kush?

ποιος / ποια / ποιο;

çfarë?

τι;

si?

πώς;

ku?

πού;

kur?

πότε;

emër

όνομα

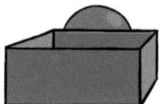

pas

πίσω

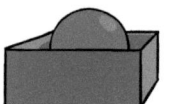

në

μέσα

përballë

μπροστά

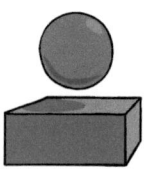

sipër

πάνω από

mbi

πάνω

poshtë

κάτω

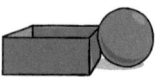

pranë

δίπλα

midis

ανάμεσα

vend

μέρος